LIDERE

como

CRISTO

REFLEJE LAS **CUALIDADES** Y EL **CARÁCTER** DE **CRISTO** EN **SU MINISTERIO**

✝

A. W.
TOZER

COMPILADO Y EDITADO POR JAMES L. SNYDER

WHITAKER
HOUSE
Español

Traducción al español por:
Belmonte Traductores
Manuel de Falla, 2
28300 Aranjuez
Madrid, ESPAÑA
www.belmontetraductores.com

Edición: Ofelia Pérez

Lidere como Cristo
Refleje las cualidades y el carácter de Cristo en su ministerio
© 2022 por A.W. Tozer
Compilado y editado por James Snyder

ISBN: 978-1-64123-926-4
eBook ISBN: 978-1-64123-927-1
Impreso en los Estados Unidos de América.

Whitaker House
1030 Hunt Valley Circle
New Kensington, PA 15068
www.whitakerhouse.com

Por favor envíe sugerencias sobre este libro a: comentarios@whitakerhouse.com.

1 2 3 4 5 6 7 8 9 10 11 **ᖫᖰ** 29 28 27 26 25 24 23 22

ÍNDICE

INTRODUCCIÓN

Leer un libro de Tozer puede suponer un gran desafío. A lo largo de todo su ministerio, él nunca se enfocó en cristianos débiles que solo estaban interesados en los placeres de la vida.

La audiencia en la que Tozer se enfocó fue en aquellos que tenían un hambre y una sed incurables por las cosas profundas de Dios. En el capítulo 15, por ejemplo, básicamente dice que solo los cristianos con agallas entrarán en el cielo. Por supuesto, lo que quería decir con eso era que nuestro cristianismo tiene que ser de tal carácter, que permanezcamos firmes contra todo aquello que sea contrario a la naturaleza de Jesucristo.

Si queremos ser siervos de Cristo, tenemos que ser como Cristo en todos los aspectos.

Una cita que me gusta de Tozer es esta: "Dios no llama a los equipados. Más bien, en su sabiduría, Dios equipa a los llamados". Ese parece ser el mensaje subyacente en este libro.

A lo largo de su ministerio, Tozer nunca fue reticente con respecto a ofender a la gente. No lo hacía innecesariamente o debido a que tenía un espíritu malvado, sino más bien todo lo contrario. Él sabía que algunas de las cosas sobre las que enseñaba y escribía no las aceptarían los cristianos inmaduros y carnales. Y, efectivamente, su enseñanza les ofendía porque no encajaba en su agenda espiritual.

Este libro está basado en una serie de sermones sobre el libro de Tito. En esta serie, Tozer usó el consejo de Pablo a Tito para guiar a todos los que hoy queremos servir a Cristo de una forma aceptable.

Este no es un libro inspirador para ayudar a los líderes espirituales a sentirse bien consigo mismos. Considérelo más bien como un libro de trabajo para empoderar a hombres y mujeres para ser la clase de líderes que la iglesia de hoy necesita, y motivarlos a que se arrodillen en total rendición.

La sana doctrina es tan esencial, que Tozer no escribe a CEOs sino más bien a personas más parecidas a CTOs (director teológico). Por eso pasa tiempo lidiando con los asuntos teológicos que Pablo estableció para Tito. Una preocupación que tenía Tozer era que muchos líderes espirituales sufren una discapacitación doctrinal.

El énfasis de Tozer es que hemos de liderar como Cristo, lo que exige un entendimiento profundo de la doctrina bíblica. Es muy común que las personas se enfoquen en ciertos asuntos y dividan la iglesia en pequeños clubes doctrinales.

El desafío que nos hace Tozer es a seguir al verdadero Jesús —al Jesús del Nuevo Testamento—, y estar preparados para ser tratados como Cristo lo fue en su época.

Como sucede con otros libros de Tozer, usted no será capaz de leerlo todo de una vez. Necesitará tiempo para procesar la verdad que él comparte en estas páginas. Sin embargo —y porque me sucedió a mí— creo que este libro le dará una nueva perspectiva sobre lo que significa ser un líder espiritual.

—Dr. James L. Snyder

1

EL FUNDAMENTO

A fin de conocerle, y el poder de su resurrección,
y la participación de sus padecimientos, llegando a ser
semejante a él en su muerte, si en alguna manera llegase
a la resurrección de entre los muertos.
—Filipenses 3:10-11

Muchos están interesados en lo que solemos llamar ministerio. Sin embargo, mi corazón se entristece al darse cuenta de que muchos no entienden de lo que se trata el ministerio espiritual desde un punto de vista bíblico. Por alguna razón, hemos introducido en la iglesia los métodos de negocio del mundo para cumplir el llamado de Cristo.

Un viaje por los Evangelios revelará la pasión que Cristo tenía cuando se trataba del ministerio. Él rechazó completamente el mundo e incluso la religión para ministrar a las personas que había a su alrededor.

No estoy en contra de la educación académica, pero siento que muchas personas están demasiado educadas, y con eso me refiero a que están educadas por encima de su capacidad para actuar en el mundo espiritual. Están atrapadas en técnicas y métodos.

Si la educación secular fuera absolutamente necesaria para el ministerio, eso me descartaría a mí. Después de mi primer día en octavo grado, llegué a casa de la escuela y le dije a mi mamá que yo podía hacer un trabajo mejor que el de mi maestro. Nunca regresé a la escuela; en cambio, pasé la mayor parte de mi tiempo en la biblioteca leyendo libros. Fue quizá un tanto arrogante de mi parte, pero al final lo superé.

La educación es importante; pero es más importante de dónde viene y cómo la manejamos.

Un amigo mío solía decir: "Consigue toda la educación que puedas y procura todos los títulos que te sea posible y, después, cuando hayas terminado, ponlo todo en el altar y entrégaselo a Dios. Si Dios lo usa, estupendo. Si Dios no usa esa educación, es decisión suya".

CRISTO, LA CLAVE PARA EL MINISTERIO

Este libro no es un libro de técnicas y métodos, un libro que se podría titular algo parecido a *10 Claves para un ministerio exitoso*. Así sería la forma en que una persona con una mentalidad mundana lo abordaría. Solo hay una clave para el ministerio: Cristo.

Cuando Abraham puso a Isaac sobre el altar, debió haber parecido la cosa más horrenda que podía haber hecho jamás en su relación con Dios. Isaac representaba todo aquello por lo que Abraham había trabajado, y ahora Dios quería que pusiera a su hijo en el altar. Sin embargo, cuando Abraham lo hizo sin reservas, Dios le devolvió a Isaac de una forma que Abraham nunca pudo haber imaginado.

Cuando ponemos en el altar nuestra educación, experiencia, expectativas, y le entregamos nuestro ministerio a Dios sin reservas, e incluso estamos dispuestos a alejarnos de ello, entonces Dios, en su poder, puede darnos lo que Él quiere que tengamos.

Dios no llama a los equipados. Más bien, en su sabiduría, Dios equipa a los llamados. Y es ahí donde el poder y la autoridad de Dios fluyen en la vida del siervo. La capacitación del siervo de Dios es una maravilla que fluye del cielo, y nada en la tierra puede obstaculizarla.

El ministerio bíblico no está asociado de manera alguna con los negocios. Las técnicas de negocio del mundo no pueden lograr las metas del liderazgo espiritual. Cuando usamos los métodos del mundo, apartamos a un lado la obra del Espíritu Santo. Es el Espíritu Santo, y nada más, quien dirige y vigoriza nuestro liderazgo espiritual. Contristar al Espíritu Santo es poner en peligro el verdadero ministerio de Cristo.

> **ES EL ESPÍRITU SANTO, Y NADA MÁS, QUIEN DIRIGE Y VIGORIZA NUESTRO LIDERAZGO ESPIRITUAL.**

Siempre que Dios se mueve, aparta a un lado al mundo y el enfoque está en Cristo. El mundo no puede honrar a Cristo; solo la verdadera iglesia puede hacerlo.

No estoy seguro de que el tamaño de una iglesia tenga nada que ver con esto, pero he notado que cuanto más grande es la iglesia, más confía en los métodos mundanos y de negocios.

Si queremos liderar como Cristo, tenemos que modelar nuestro liderazgo con base en la manera de liderar de Él y observar cómo abordó los asuntos de su época. En ese entonces, su principal oposición era la religión. Las personas y los líderes religiosos no querían tener nada que ver con Jesús. Lo consideraban un peligro para su religiosidad y estilo de vida.

El gobierno también se opuso a Jesús, y cuando los fariseos intentaron hacer que Jesús escogiera entre la religión y Roma,

Él respondió: *Dad a César lo que es de César, y a Dios lo que es de Dios. Y se maravillaron de él* (Marcos 12:17).

Cuando Jesús caminó sobre el agua, fue una ilustración estupenda de que Él nunca permitió que las circunstancias de este mundo determinaran lo que iba a hacer o no hacer. (¿Recuerda lo que le sucedió a Pedro cuando intentó caminar sobre el agua? Se obsesionó con las circunstancias y se hundía).

En este libro, mi propósito es enfocarme en cómo usted y yo, como siervos de Cristo, podemos liderar como Él en las circunstancias en las que estamos hoy. Mi enfoque estará en el libro de Tito, que narra cómo Pablo fue mentor de Tito para que fuera un siervo modelo y que liderara como Cristo.

EL FUNDAMENTO DEL LIDERAZGO ESPIRITUAL

Pero, antes de continuar, ¿cuál es el fundamento para todo esto? ¿Sobre qué edificamos nuestro liderazgo espiritual?

¿Es la educación? ¿Es la experiencia? ¿Es adoptar los métodos del mundo?

No, no es nada de eso. Por lo tanto, necesitamos entender claramente sobre qué edificar nuestro ministerio. Quiero decir desde ahora mismo que todo cristiano nacido de nuevo está involucrado en el ministerio. No estamos llamados a hacer el mismo tipo de ministerio que nuestro hermano o hermana. Pero todos nosotros, juntos, estamos involucrados en el ministerio de Jesucristo.

TODO CRISTIANO NACIDO DE NUEVO ESTÁ INVOLUCRADO EN EL MINISTERIO.

Para liderar como Cristo, lo primero que tenemos que hacer es *conocer a Cristo*. Este es un elemento crucial del liderazgo espiritual.

Ahora bien, si me acercara a personas en la iglesia un domingo en la mañana y les preguntara si conocen a Jesús, recibiría una respuesta positiva casi de cada persona. Todos conocen quién es Jesús.

Esa no es la cuestión, porque una cosa es conocer acerca de alguien, y otra cosa es *experimentar* a una persona de forma profunda.

El apóstol Pablo escribe: *Y ciertamente, aun estimo todas las cosas como pérdida por la excelencia del conocimiento de Cristo Jesús, mi Señor, por amor del cual lo he perdido todo, y lo tengo por basura, para ganar a Cristo* (Filipenses 3:8).

Conocer a Cristo de modo personal no es algo que se produce de forma natural o sin costo. Conocer acerca de Cristo es una cosa, pero conocerlo personalmente es otra cosa muy distinta. Esa fue sin duda la experiencia de Pablo antes de convertirse en seguidor de Cristo.

Como fariseo, él sabía todo lo que había que saber sobre el Mesías por el Antiguo Testamento, pero fue en un viaje a Damasco (un viaje para seguir persiguiendo a la iglesia) cuando Saulo (el nombre de Pablo en ese entonces) tuvo un encuentro con el verdadero Cristo.

Saulo [...] vino al sumo sacerdote, y le pidió cartas para las sinagogas de Damasco, a fin de que si hallase algunos hombres o mujeres de este Camino, los trajese presos a Jerusalén. Mas yendo por el camino, aconteció que al llegar cerca de Damasco, repentinamente le rodeó un resplandor de luz del cielo; y cayendo en tierra, oyó una voz que le decía: Saulo, Saulo, ¿por qué me persigues? (Hechos 9:1-4)

Fue en este momento cuando Saulo fue transformado en el Pablo que conocemos hoy.

Después de este momento transformador en Damasco, Pablo fue al desierto y estuvo aproximadamente tres años. Creo que durante esos años estuvo desaprendiendo la religión para entender quién era realmente Jesucristo.

Moisés pasó cuarenta años en el desierto desaprendiendo de Egipto, para que Dios pudiera usarlo para conducir a su pueblo hasta la tierra prometida.

Jacob fue otro personaje del Antiguo Testamento que sufrió una gran transformación: *Y despertó Jacob de su sueño, y dijo: Ciertamente Jehová está en este lugar, y yo no lo sabía* (Génesis 28:16).

El Señor estuvo con Jacob todo el tiempo, y él no lo sabía. Su vida cambió cuando tuvo un encuentro con el Señor.

Ocurrió lo mismo con el apóstol Pablo. Durante su viaje por el desierto, Pablo experimentó a Cristo de una forma que lo transformó tan completamente, que Dios pudo usarlo para liderar como Cristo y establecer la iglesia de Cristo como la conocemos hoy.

El fundamento de mi ministerio espiritual es conocer personalmente a Cristo de tal manera, que mi vida haya sido transformada. Para hacer esto, he tenido que desaprender el mundo y ser lleno del Espíritu Santo.

Para liderar como Cristo tenemos que trabajar en el poder de la resurrección, que no tiene nada que ver con los elementos del mundo. No sé como enfatizarlo más: comienza con un encuentro transformador con Jesucristo, y de esta experiencia fluirán una pasión y un deseo de servir a Cristo que las universidades y los seminarios no pueden proporcionar.

Me gusta Charles Spurgeon y el requisito que tenían en Pastor's College. Ellos no aceptaban ninguna solicitud para estudiar en la universidad hasta que la persona pudiera demostrar que había sido llamada por Dios al ministerio. La idea de Spurgeon era que uno no va a la universidad para descubrir su llamado, sino que va a la universidad porque ha sido llamado por Dios para servir.

Esta perspectiva está carente hoy día; por consiguiente, nuestras iglesias están sufriendo drásticamente por la falta de un liderazgo liderado por Cristo.

Mi propósito es inspirarle a usted a que descubra su llamado en Cristo, que le capacitará para recibir el poder y la unción del Espíritu Santo en su vida. A medida que edifica sobre el fundamento espiritual de Cristo, comenzará a ver el ministerio desde una perspectiva totalmente distinta. Verá el ministerio como lo ve Cristo, y verá a las personas como Cristo las ve.

Te alabo, oh Padre, por el amor que nos muestras a todos al permitir que seamos parte de tu obra aquí en la tierra. Ayúdame hoy a rendirme a tu manera de hacer el ministerio para poder honrarte. Te lo pido en el nombre de Jesús. Amén.

2

LIDERE COMO CRISTO
EL MODELO

*A Tito, verdadero hijo en la común fe: Gracia,
misericordia y paz, de Dios Padre y
del Señor Jesucristo nuestro Salvador.*
—Tito 1:4

Como ya dije antes, este libro está basado en la carta de Pablo a Tito. Por eso, tengo que compartir una pequeña biografía de Tito, que es el ejemplo de Pablo de cómo debería ser un siervo liderado por Cristo.

El poeta Alexander Pope dijo una vez: "El estudio adecuado de la humanidad es el hombre". Esto es cierto porque la gente se interesa más por la gente que por las ideas. Veo que es difícil hacer que las personas se interesen por las ideas abstractas, pero no por las personas. Cuando encontremos a una persona que sea la encarnación de una gran idea, habremos encontrado una joya, un tesoro. Tanto en Pablo como en Tito tenemos esta joya. En Pablo, tenemos la encarnación de la doctrina que predicaba. Y Tito, el hijo espiritual de Pablo, de algún modo es la encarnación de las grandes doctrinas del Nuevo Testamento.

SER UN SIERVO LIDERADO POR CRISTO

Hay varias cosas con respecto a este hombre, Tito, que tengo que establecer si queremos entender lo que significa ser un siervo liderado por Cristo. Veremos primero al Tito humano.

Tito no era judío, sino un griego incircunciso con nombre romano. Era un gran hombre en muchos aspectos, no tanto en tamaño sino en influencia. Era oriundo de Antioquía en Asia Menor, donde había una iglesia cristiana saludable. En Hechos 11 vemos que Pablo no fue el fundador de la iglesia de Antioquía. Aun así, Pablo visitaba la iglesia y a menudo predicaba allí.

En ese entonces, los cristianos estaban dispersos debido a la persecución que se produjo cuando Esteban fue martirizado, y Antioquía era uno de esos lugares. Desde Antioquía salieron misioneros a varios lugares. Esta era una iglesia misionera saludable, y Tito tuvo la fortuna y la bendición de Dios de nacer en esa ciudad.

Supongo que Tito, en sus primeros años, había sido creyente en algún tipo de dios. Los romanos habían llegado unos años antes y difundieron sus ideas con respecto a los dioses. Estaba Zeus, el principal dios griego, y Júpiter, su homólogo, que era el principal dios romano. Había muchos otros, y no cabe duda de que este hombre, Tito, era un hombre religioso. Lo suficiente como para que, cuando escuchó el mensaje de Cristo, este cambiara su vida. Presumiblemente, tenía muchos talentos y habilidades.

Ahora veamos a Tito el cristiano.

Cuando Tito conoció a Pablo, ese apóstol ardiente, seguro que quedó eternamente agradecido. Sin duda, toda la iglesia de Cristo debería estar agradecida de por vida de que estos dos gigantes se encontraran. Cuando este hombre pagano con nombre romano y genealogía griega se encontró con este hombre Pablo con trasfondo hebreo, ahora convertido a Jesucristo, la conversión de Tito fue clara, revolucionaria e instantánea.

Ahora miremos a Tito, el ayudante del apóstol.

Pablo no era una persona fácil de agradar, y probablemente no era fácil trabajar con él. No porque fuera grosero o tuviera mal genio, no era por eso. No, Pablo era un hombre santificado. Esperaba que todos estuvieran tan consagrados como él lo estaba y esperaba que ellos se despidieran del mundo, quemaran los puentes que dejaban atrás, destruyeran su antigua vida y vivieran en la nueva. Si no lo hacían, sin duda alguna él se decepcionaba.

Aunque difícil de agradar, Pablo confiaba totalmente en Tito y lo usaba como su representante. Cuando Pablo no podía viajar a algún lugar, enviaba a Tito. Cuando no podía quedarse en cierto lugar, dejaba a Tito. Su relación es un hermoso ejemplo de la unidad en Cristo.

El viejo Pablo, antes fariseo que vestía su larga túnica y estaba de pie en las esquinas haciendo largas oraciones, era santurrón hasta el punto de levantar la nariz como muestra de menosprecio hacia otros. Pero Dios tuvo un encuentro con Pablo en el camino de Damasco y lo transformó por completo, lo llenó del Espíritu Santo, le devolvió su visión, y finalmente le hizo rebosar de amor fraternal hacia el joven gentil, Tito. Pablo el fariseo no hubiera estrechado la mano a un gentil antes de su conversión. Ahora llamaba a Tito "mi hijo", le daba grandes responsabilidades y lo amaba. Eso es lo que hará con la gente la gracia de Dios.[1]

Después tenemos a Tito el misionero.

Tito viajó con Pablo a Macedonia, Corinto y Creta.

Hoy día, los misioneros a menudo pasan años aprendiendo otros idiomas para llegar a la gente, pero Pablo y Tito viajaron predicando en griego, y casi todos les entendían. Así que era

---

1. Consulta en línea: Alexander Pope, "An Essay on Man: Epistle II" https://www.poetryfoundation.org/poems/44900/an-essay-on-man-epistle-ii.

relativamente fácil para ellos viajar como misioneros, en cuanto al idioma se refiere.

Después estaba Tito, el hombre que hacía el bien.

Se dice de Cristo en Hechos 10:38 que fue ungido con el poder del Espíritu Santo y fue haciendo el bien. Aquí estaba Tito, siguiendo los pasos de Cristo, haciendo el bien en todo lugar por los santos pobres de Jerusalén que necesitaban ayuda en ese tiempo.

Jerusalén era donde empezó el evangelio y donde Cristo fue crucificado. Fue allí donde el Espíritu Santo cayó sobre los apóstoles, y era el centro desde donde se extendió su mensaje.

Pablo amaba Jerusalén, y se interesó en tomar una ofrenda para los santos judíos de allí. ¿Y dónde cree usted que este judío acudió para reunir esa ofrenda? A los cristianos gentiles.

Asimismo, hermanos, os hacemos saber la gracia de Dios que se ha dado a las iglesias de Macedonia; que en grande prueba de tribulación, la abundancia de su gozo y su profunda pobreza abundaron en riquezas de su generosidad. Pues doy testimonio de que con agrado han dado conforme a sus fuerzas, y aun más allá de sus fuerzas, pidiéndonos con muchos ruegos que les concediésemos el privilegio de participar en este servicio para los santos.

(2 Corintios 8:1-4)

Pablo deseaba que Tito también se uniera a sus esfuerzos. Pablo escribió: *Pero gracias a Dios que puso en el corazón de Tito la misma solicitud por vosotros. Pues a la verdad recibió la exhortación; pero estando también muy solícito, por su propia voluntad partió para ir a vosotros* (2 Corintios 8:16-17).

Corinto era una iglesia pudiente, mientras que Jerusalén estaba necesitada. Pero Tito tenía un plan. *Voy a matar dos pájaros de un tiro. Mataré la pobreza en Jerusalén, y mataré la mezquindad en Corinto.*

Tito fue a la iglesia corintia y esencialmente dijo: "He venido para darles la oportunidad de hacer algo maravilloso".

"¿Qué es, hermano Tito?", respondieron ellos.

"Bueno", dijo él, "he venido para permitirles dar una ofrenda para los santos pobres de Jerusalén".

Me imagino que algún diácono anciano se puso en pie y dijo: "Bueno, un momento, Tito. Nosotros somos gentiles, y los de Jerusalén piensan que somos sucios. Ellos no querrían tener que ver nada con nosotros".

Con su actitud propia de Cristo, Tito respondió: "Ustedes no los conocen. Ellos son judíos, pero son cristianos y han cambiado su actitud hacia nosotros los gentiles. Además, están hambrientos. ¿Qué diferencia marca lo que piensen de ustedes? La cuestión es: ¿qué van a hacer ustedes por ellos?".

Y, con esas palabras, por cuenta propia, Tito tomó una ofrenda de Corinto. Esa era la persona de Tito.

Siempre espere más de la gente que tiene más.

Después estaba Tito el organizador.

Cuando Pablo envió a Tito a Corinto a ayudar a enderezar esa iglesia, le explicó: *Por esta causa te dejé en Creta, para que corrigieses lo deficiente, y establecieses ancianos en cada ciudad, así como yo te mandé* (Tito 1:5).

Dios da diferentes dones a distintas personas; a Tito, Dios le dio el don de organizar. Tito podía entrar en una iglesia desorganizada e incompetente y ponerla en orden.

Finalmente, estaba Tito el optimista.

En general, no me gusta la palabra *optimismo*. Poetas chiflados han usado la palabra en el sentido erróneo. Sin embargo, Tito era un hermano alegre, valorado por Pablo: *No tuve reposo en mi espíritu, por no haber hallado a mi hermano Tito* (2 Corintios 2:13).

EN TITO HABÍA UNA DESTACADA MEZCLA DE ENTUSIASMO, INTEGRIDAD Y DISCRECIÓN.

Pablo fue un apóstol y probablemente uno de los seis grandes intelectos de todos los tiempos. Sin duda, es el mayor teólogo que ha producido jamás la iglesia. Tenía todos estos dones y, sin embargo, estaba sujeto a la desesperación y necesitaba a alguien que se pusiera a su lado y le dijera: "Pablo, Dios sigue estando en el trono".

Imagínese a ese viejo fariseo necesitando consolación y una buena charla de ánimo de un gentil años más joven que él. Eso es un don en sí mismo: poder consolar a un apóstol.

Tito tenía eso. En Tito había una destacada mezcla de entusiasmo, integridad y discreción. Esas son tres palabras muy hermosas.

UN HERMOSO REFLEJO DE CRISTO

En primer lugar, hay entusiasmo. Me gusta el entusiasmo. La mayoría de los cristianos arrastran los pies. La mitad del trabajo del predicador es hacer que la gente levante los pies y deje de arrastrarlos.

Muchos cristianos, cuando se trata de trabajar para el Señor, tienen que ser arrastrados, empujados o traídos a tirones, pero no Tito. Tito era entusiasta; salía de la sala de oración con entusiasmo y tenía integridad. Era un hombre sólido.

Cuando Pablo quiso nombrar a alguien para que llevara esa ofrenda de mucho dinero a Jerusalén, ¿sabe a quién designó? A Tito. Tito era de fiar, y ni siquiera había que revisar sus libros. Tito regresó a los gentiles y llevó a Jerusalén las ofrendas de los macedonios, los corintios y otras iglesias, así que tenía entusiasmo ligado a la integridad.

Junto a eso tenía discreción. Algunos de los siervos del Señor son de las personas más buenas y honestas, pero no son discretas. Dicen y hacen cosas locas; no así Tito. Pablo confiaba en Tito porque tenía discreción e integridad además de entusiasmo.

Oro para que Dios nos dé este tipo de espiritualidad para que podamos ser, sin duda, los cristianos de primer orden y volcarnos como lo hizo Tito.

Dios nos honra usándonos y trabajando a través de nosotros. Él nos da una mente misionera y nos enseña a dar de nuestros bienes para alimentar a los hambrientos. Una persona hace verdaderamente la obra de Dios dando a las misiones o a una iglesia, o dando una pequeña ofrenda a alguien. Esto nos mantiene optimistas y entusiastas.

> **ORO PARA QUE DIOS NOS DÉ ESTE TIPO DE ESPIRITUALIDAD PARA QUE PODAMOS VOLCARNOS COMO LO HIZO TITO.**

Este es un breve cuadro de este hombre, Tito, quien, según el apóstol Pablo, era un hermoso reflejo del Señor Jesucristo.

Esta era la idea de Pablo de liderar como Cristo y el patrón que Pablo tiene para nosotros hoy. El resto de este libro, edificado sobre la estimación que Pablo tenía de Tito, establece el fundamento de lo que debería ser el liderazgo espiritual.

Padre celestial, te alabo por hombres como Pablo y Tito. Oro para que levantes hombres así en nuestro tiempo. Desafíame, oh Dios, a caminar en el ministerio como ellos caminaron para honor y gloria de Dios. Amén.

3

LIDERE COMO CRISTO
UNA DEMOSTRACIÓN

Pablo, siervo de Dios y apóstol de Jesucristo,
conforme a la fe de los escogidos de Dios y el conocimiento
de la verdad que es según la piedad.
—Tito 1:1

Uno de los problemas que enfrenta la iglesia evangélica hoy es creer que podemos crear nuestro propio modelo de ministerio, un modelo que no está basado en las Escrituras sino en la cultura que nos rodea. Si quiero liderar como Cristo, tengo que demostrar en mi vida diaria una completa rendición a Cristo, sabiendo que la rendición me costará todo.

Pablo se presenta a Tito como siervo de Dios, pero Pablo no solo es un siervo de Cristo, sino también un siervo con propósito. "Soy un apóstol", dijo Pablo, "y soy enviado". Él sirvió al Señor Jesús como el mensajero para llevar a los escogidos de Dios al conocimiento de la verdad.

Liderar como Cristo demanda tener el corazón de Cristo. Y aquí tenemos una demostración de ese corazón. Un corazón que conoce el resultado futuro y se levanta por encima del entendimiento humano.

En el primer versículo de Tito, Pablo se denomina a sí mismo "siervo de Dios y apóstol de Jesucristo, conforme a la fe de los escogidos de Dios".

¿Qué quiere decir con "los escogidos de Dios"? Con frecuencia pasamos por alto esta frase. Un siervo liderado por Cristo rehúsa hacer eso. Los *escogidos de Dios* significa "una elección divina". El Nuevo Testamento enseña la doctrina de la elección. Yo no lo entiendo plenamente. En ese gran día en el que el Señor nos dé un cuerpo como su cuerpo glorioso, un cerebro en consonancia con nuestro cuerpo glorioso, y una mente en consonancia con nuestro cerebro glorioso, entenderemos la doctrina de la elección o nos daremos cuenta de que no podemos entenderla. El hombre docto no es necesariamente un hombre que lo entiende todo, sino un hombre que entiende que no puede entenderlo todo.

Hay una canción que cantamos en las reuniones de campamento:

TODOS LO ENTENDEREMOS MEJOR EN EL FUTURO

En el futuro, cuando llegue la mañana,

Cuando los santos de Dios se reúnan en casa,

Contaremos la historia de cómo hemos vencido,

Porque lo entenderemos mejor en el futuro.

Charles Albert Tindley (1851-1933)

Quizá no entendamos lo que significa "escogidos", pero hay dos cosas que sí podemos entender. Una es que solo llegarán los escogidos, porque Jesús dijo: *Ninguno puede venir a mí, si el Padre que me envió no le trajere; y yo le resucitaré en el día postrero* (Juan 6:44).

Por lo tanto, solo los escogidos llegarán, pero cualquiera que vaya puede llegar.

D.L. Moody, que no fue conocido como teólogo, pero que tenía un don inusual para las pequeñas gemas concisas de teología, resumió todo el asunto de la elección de esta manera. Él dijo: "'Los escogidos' son 'cualquiera que esté dispuesto': los 'no escogidos' son 'cualquiera que no esté dispuesto'".[2] Así que usted puede ir y dar un mensaje de buena fe de la verdad a todo el mundo y decir: "Si usted acude, será salvo", y si acuden, serán salvos.

No sé cómo decirlo mejor. Nos quedamos atascados en nuestra propia definición limitada de doctrina y nos dividimos. Pero no creo que exista esta división en el cielo. Creo que todos estaremos juntos en Cristo, y Pablo está interesado en demostrar ese tipo de liderazgo en la iglesia.

SER TRANSFORMADOS Y PURIFICADOS

Pablo dice: "la verdad que es según la piedad". Este es el centro neurálgico del mensaje que Dios, a través de Pablo, le da a Tito.

El evangelio de Jesucristo actúa no solo para rescatarnos. Purifica y transforma. Hemos hecho hincapié en la parte del rescate en años recientes. Todo el mundo dice lo mismo: "Ven y sé rescatado". Pero la Biblia no se detiene ahí.

El libro de Tito enseña que los escogidos deben llevar vidas de santidad y piedad. Pablo le recuerda a Tito que tiene a su alrededor la doctrina de los cretenses, que mezclaban su entendimiento de Dios con sus dioses y mitología griegos. Los cretenses eran mentirosos. Y, en algunos aspectos, muchos estadounidenses son los cretenses de hoy. Y si usted no es un cristiano convertido y no tiene la gracia de Dios en su corazón, ellos le influenciarán.

---

2. Dwight Lyman Moody, *Notes from My Bible: From Genesis to Revelation* [Notas provenientes de mi Biblia: De Génesis a Apocalipsis] (Chicago: Fleming H. Revell Company, 1895), p. 108.

En los tiempos de Pablo, los cristianos eran una minoría rodeada de cretenses, y Pablo dijo que tuviera cuidado con esos cretenses y los reprendiera duramente para que tuvieran una fe sólida y vivieran el tipo de vida correcto.

Todo el nivel de moralidad hoy día es bajo. Si usted quiere vivir para Cristo, tiene que darle la espalda a todo y decir: "No, yo iré con cristianos, viviré con cristianos. Mi gente son los cristianos, y no caminaré con los impíos".

Según el Nuevo Testamento, si no hay algún grado de transformación y purificación, no hay garantía de salvación, al margen de cuántas veces usted haya renovado su consagración. Independientemente de cuántas tarjetas haya firmado o en cuántas reuniones de avivamiento haya estado, y al margen de cuántas veces haya pensado que estaba aceptando a Cristo, si no hay un buen grado de transformación y purificación, no hay garantía de salvación, porque la salvación que verdaderamente salva también transforma y purifica. Esta es la esencia de la carta de Pablo a Tito, y que él debía enseñar a los cretenses.

¿Podría ser Creta peor que algunas de nuestras ciudades actuales? Los historiadores dicen que Creta tenía una mala mezcla de religiones malvadas, pero ¿podría ser peor que lo que vemos hoy?

Por desgracia, algunas personas no le dejarán que les ayude, incluyendo a los que se llaman cristianos, pero que no han sido transformados. Ellos creen que tienen todo lo necesario. Pablo básicamente está diciendo: "Ve con el pueblo de Dios, ve a las reuniones de oración, a las reuniones de jóvenes y a las reuniones de iglesia. Deja que te ayuden, porque de una cosa puedes estar seguro: los cretenses van por ti. Van por ti en todas partes, y si rehúsas dejar que los hijos de Dios te ayuden, entonces serás arrastrado por los cretenses, Dios no lo quiera".

ENFOQUE EN EL PROPÓSITO

Pablo, como siervo de Cristo, tenía un propósito y nunca permitió que nada pusiera en peligro ese propósito. Fue un maravilloso modelo para este joven cristiano llamado Tito. No es suficiente con seguir a Cristo; hay un propósito detrás de todo ello. Muchos no conocen ese propósito y avanzan a trompicones en su ministerio y, por lo tanto, ponen en riesgo la obra que Dios quiere hacer a través de ellos.

Mi mayor desafío es descubrir el propósito de Dios para mi vida. Descubrir por qué Él me está guiando por un camino y no por el otro. Si no entiendo el propósito de servir a Dios, voy a estar muy confundido con respecto a lo que Dios está haciendo en mi vida. Muchos cristianos no entienden que lo que Dios está haciendo en su vida es un reflejo del propósito que Él ha puesto en ellos, que es servir.

Una cosa que sabemos de cierto sobre el apóstol Pablo, y creo que llegó también a la vida de Tito, es que Pablo nunca se olvidó de este propósito. Todo lo que pudo soportar y todo lo que atravesó nunca hizo que quitara su enfoque del propósito. Servía a Dios por un propósito, arraigado en quién era Dios y en que Dios lo había llamado a ser un siervo.

PABLO SERVÍA A DIOS POR UN PROPÓSITO, ARRAIGADO EN QUIÉN ERA DIOS Y EN QUE DIOS LO HABÍA LLAMADO A SER UN SIERVO.

He descubierto en mi ministerio que, cuando dejo de poner el enfoque en mi propósito, soy vulnerable a desanimarme e incluso a caer en depresión. El apóstol Pablo era humano, y creo que experimentó momentos así en su vida. Para mí, lo único que puede sacarme de ese pozo negro es volver a poner mi enfoque en mi propósito de servir a Dios.

Estoy seguro de que, cuando Tito observó al apóstol Pablo, descubrió cómo mantener su propio enfoque en los propósitos de Dios para su vida.

Tito ciertamente demostró mediante su pasión y sus acciones lo que es liderar como Cristo. Demostró a los cristianos de su tiempo lo que realmente significaba seguir a Cristo.

Padre, te alabo por modelos como Pablo y Tito que animan mi vida. Permite que mi vida sea usada por ti de tal forma, que no deje de poner el enfoque en mi propósito de servirte. Que todo lo que haga modele una dedicación completa viviendo para ti y sirviéndote sin considerar el costo. Amén.

4

✝

MOTIVADO POR LA VERDAD COMPLETA

*Pablo, siervo de Dios y apóstol de Jesucristo, conforme a la fe
de los escogidos de Dios y el conocimiento de la verdad que es
según la piedad, en la esperanza de la vida eterna, la cual Dios,
que no miente, prometió desde antes del principio de los siglos.*
—Tito 1:1-2

Para liderar como Cristo, es necesario tener el tipo de motivación que Cristo tenía. Esta motivación no es algo que imaginamos, creamos o que sacamos de la cultura de afuera. La motivación viene de su fuente original: la verdad que está en Jesucristo.

Entender la verdad es un gran reto. Por ejemplo, entender la verdad sobre la vida eterna es probablemente el mayor reto. Tenemos que recopilar toda la verdad para que sea la verdad genuina. Esa es nuestra verdadera esperanza.

No creo que nadie intentaría ni siquiera argumentar que la vida eterna no es un tesoro supremo, porque lo es.

No suceda nunca que pasemos por alto cuán valiosa, cuán preciosa es, o qué tesoro tan supremo reside en las palabras *vida eterna*. Esta es la vida que se perdió en la desobediencia y la caída; sin embargo, nos la volvió a traer la venida de Cristo, quien declaró: *Yo he venido para que tengan vida, y para que la tengan en abundancia* (Juan 10:10). Y todos conocen Juan 3:16: *Porque de tal manera amó Dios al mundo, que ha dado a su Hijo unigénito, para que todo aquel que en él cree, no se pierda, mas tenga vida eterna.* Por lo tanto, este tesoro supremo que una vez perdimos, Jesucristo nos lo devuelve y nos es dado por la fe.

ENCONTRAR LA SÍNTESIS

Puede que surja una pregunta cuando Pablo dice: "en la esperanza de la vida eterna"; ¿es esa *esperanza* algo futuro?

Pienso que está tan claro que no necesito explicarlo más. Esperamos lo que no tenemos. No podemos esperar algo que ya poseemos. La esperanza se pierde en la materialización. Por lo tanto, "en la esperanza de la vida eterna" significa que la vida eterna es algo futuro para la iglesia.

Entonces, ¿es la vida eterna algo presente o futuro? ¿La tenemos ahora, o la estamos esperando? De nuevo, el hecho de que Pablo dice "en la esperanza de la vida eterna" indica que la estamos esperando. Si ya la tenemos, ¿para qué la esperamos?

Ralph Waldo Emerson dijo una vez: "Una coherencia necia es el duende de las mentes pequeñas, adorada por pequeños estadistas, filósofos y teólogos".[3] Estar atado a una línea de pensamiento no es bíblico porque la verdad es muy vasta y tiene tantas facetas, que raras veces se puede expresar en una sola proposición.

Precisamente por eso el diablo dijo: "Escrito está", y Jesús respondió: "Escrito está". Si Jesús hubiera escuchado el "escrito está" del diablo, y si Jesús hubiera sido textualista, habría convertido todas esas piedras en panes y se hubiera lanzado desde la torre. Si se hubiera esclavizado a las palabras, como hacen algunos hermanos, indudablemente habría ido directamente a las manos del diablo por temor a contradecirse. Pero el hecho es que, la verdad es tan vasta, que raras veces se puede resumir en una sola proposición, y una sola proposición por lo general es falsa porque exagera lo dicho.

---

3. Ralph Waldo Emerson en John Bartlett, comp., *Familiar Quotations* [Citas familiares], 10th Ed., rev. por Nathan Haskell Dole (Boston: Little, Brown, 1919), Bartleby.com, 2000, https://www.bartleby.com/100/420.47.html.

Recuerde que la verdad es una declaración y lo que parece ser una declaración contraria, y después una unión de ambas. En filosofía, lo llaman una tesis, antítesis y síntesis. Son palabras complicadas de decir cuando alguien tiene sigmatismo, pero una tesis es algo que usted expresa. Una antítesis es algo contrario a eso. Y la síntesis es la combinación de las dos, y es ahí donde reside la verdad.

Nuestro problema es que nos aferramos a una parte de la verdad y consideramos esa verdad como si lo contuviera todo. Cerramos nuestra mente y después le damos a la espalda a todo aquel que diga algo distinto.

Un hombre dice: "Yo creo en la soberanía de Dios", así que cierra su mente y la deja encerrada bajo soldadura y cree en la soberanía de Dios. Otro hombre se levanta osadamente y dice: "Yo creo en el libre albedrío del hombre", y cierra el círculo y lo deja encerrado bajo una soldadura. Los dos hombres se dan la espalda el uno al otro, se alejan, y edifican dos iglesias dedicadas a sus pequeños círculos. Pero el cristiano sabio toma la tesis, la antítesis y la síntesis, y dice: "Un momento. ¿Es posible que podamos tomar ambas verdades y ver que ambas son correctas, y llegar a la tercera verdad que es mayor que las dos?".

Es difícil encontrar personas que hagan eso. Preferimos dividirnos y edificar iglesias y ser conocidos como los fundadores de algo.

Permítame presentarle dos proposiciones de las Escrituras sobre la vida eterna que parecen contradecirse.

Juan 5:24: *El que oye mi palabra, y cree al que me envió, tiene vida eterna.* Observemos la frase "tiene vida eterna" en tiempo presente.

Y Juan 6:47 dice: *De cierto, de cierto os digo: El que cree en mí, tiene vida eterna.*

Primera de Juan 5:12 dice: *El que tiene al Hijo, tiene la vida.*

Tres versículos de las Escrituras establecen la tesis de que la vida eterna es la posesión *presente* de todos los cristianos verdaderos. Ahí tenemos una proposición con el texto aprobado. El verdadero cristiano tiene vida eterna.

No tenemos que explicar esos versículos, pero algunas iglesias enseñan que la vida eterna es algo futuro, que no se posee ahora. Usted la tendrá en el futuro, dicen ellos. ¿Cerramos el círculo y rechazamos a todo el que enseñe cualquier cosa que no sea esto? Tenemos una tesis: la vida eterna es la posesión presente de los cristianos.

Pero observemos estos pasajes:

Mateo 25:46: *E irán estos al castigo eterno, y los justos a la vida eterna.* Eso es futuro.

Y Lucas 20:35-36: *Mas los que fueren tenidos por dignos de alcanzar aquel siglo y la resurrección de entre los muertos, ni se casan, ni se dan en casamiento. Porque no pueden ya más morir, pues son iguales a los ángeles, y son hijos de Dios, al ser hijos de la resurrección.*

Hay una vida, que es futura, y es algo que obtendremos en un día por venir. Lucas 18:29-30: *Y él les dijo: De cierto os digo, que no hay nadie que haya dejado casa, o padres, o hermanos, o mujer, o hijos, por el reino de Dios, que no haya de recibir mucho más en este tiempo, y en el siglo venidero la vida eterna.*

Romanos 2:7: *Vida eterna a los que, perseverando en bien hacer, buscan gloria y honra e inmortalidad.*

Gálatas 6:8: *Porque el que siembra para su carne, de la carne segará corrupción; mas el que siembra para el Espíritu, del Espíritu segará vida eterna.*

Estos y otros versículos establecen la proposición de que la vida eterna es la posesión futura del cristiano. Por lo tanto, ahí tenemos una tesis y otra tesis contraria.

¿Qué hacemos? ¿Hacer un ademán con nuestras manos y decir que la Biblia se contradice? ¿Deberíamos decir: "No sé qué creer. No sé a qué iglesia asistir", y abandonarlo todo? ¿Deberíamos decir que el cristianismo es una confusión tan grande que lo mejor es que vayamos a comer y beber y casarnos, porque mañana moriremos (ver 1 Corintios 15:32)?

Eso es lo que hacen los necios. Hay otra cosa que podemos hacer. Podemos estudiar estos asuntos y ver que, en lugar de contradecirse, se complementan, se suplementan y se explican el uno al otro.

La tesis es que el cristiano tiene vida eterna ahora. La tesis contraria es que el cristiano vive con la esperanza de la vida eterna. La síntesis, que es la verdad, es que la vida eterna es experimentar a Dios en el alma. *Y esta es la vida eterna: que te conozcan a ti, el único Dios verdadero, y a Jesucristo, a quien has enviado* (Juan 17:3). Por lo tanto, la vida eterna es una posesión presente. Se desarrolla aquí en el seno de hombres redimidos rodeados de muerte por todas partes, porque el mundo está dormido en el regazo de la maldad y todo está muerto a nuestro alrededor. La Biblia nos dice que los hombres están muertos en sus delitos y pecados, y que residen en lo profundo de la iniquidad, la maldad y la esclavitud.

En medio de toda esta mortandad, muerte, esclavitud y maldad, algunos tenemos vida eterna ahora como nuestra posesión, porque es conocer a Dios y conocer a su Hijo Jesucristo. Además, la vida eterna es también un estado futuro. Es el reino de los benditos, y es donde la muerte se desvanece para siempre. Es donde el Dios trino está visiblemente presente. Es donde los hombres buscarán el rostro de Dios, sin la muerte presente, y sin las tumbas, los huesos, los mortuorios, los hospitales, las ambulancias, los doctores, el dolor y la muerte. Mire el rostro de Dios, de quien está escrito: *El único que tiene inmortalidad, que habita en luz inaccesible; a quien ninguno de los hombres ha visto ni puede ver, al cual sea la honra y el imperio sempiterno. Amén* (1 Timoteo 6:16). Esa es una expansión de la vida eterna.

Ahora tenemos, por así decirlo, el pequeño diamante de la vida eterna en nuestro corazón, y más adelante moraremos en mansiones de diamantes. Ahora tenemos un pedacito del cielo azul de la vida eterna, al cual poder mirar como un prisionero mira el cielo azul a través de una pequeña ventana. Más adelante, habrá mucho más. Estaremos rodeados de la vida eterna. Nadaremos en ella, volaremos en ella y viviremos en ella.

AHORA TENEMOS, POR ASÍ DECIRLO, EL PEQUEÑO DIAMANTE DE LA VIDA ETERNA EN NUESTRO CORAZÓN, Y MÁS ADELANTE MORAREMOS EN MANSIONES DE DIAMANTES.

LA PALABRA DE DIOS ES COHERENTE

La Biblia no se contradice. Sencillamente expresa una proposición y después expresa otra proposición, y nos da espacio para que podamos decir: "Creo esto" o "Creo aquello". Lo más lamentable para mí es ver a dos santos sentados en el mismo tronco con sus espaldas una contra la otra y sin conversar. Uno dice que la vida eterna es ahora, y el otro habla solamente sobre la esperanza de la vida eterna. Si se bajaran de ese tronco y obtuvieran un poco de perspectiva, verían que ambas cosas son ciertas. Un cristiano tiene vida eterna ahora; pero no tiene toda la vida eterna al completo ahora. Él tiene la vida de Dios en su alma; pero Pedro dice que tenemos la naturaleza de Dios en nuestra alma ahora.

Cuando usted escucha a un hombre en el comedor social decirle a un vagabundo como él de un barrio marginal: "Cree en Jesucristo, y tendrás vida eterna", le está diciendo la verdad. Cuando oye al serio expositor de la Biblia decir: "Estamos viviendo en la esperanza de la futura vida eterna", también está diciendo la verdad. Solo quieren decir que el creyente recibe la vida eterna ahora. Pablo lo llama un anticipo, y ese anticipo, que tenemos ahora, es solo el comienzo.

Ahora bien, cuando digo: "Tengo vida eterna, gracias a Dios", y a continuación digo: "El evangelio es la esperanza de la vida eterna", la gente dice: "Ahí está de nuevo. No podemos entender a este hombre; se contradice a sí mismo".

No, no hay contradicción alguna ahí. Dios nos ha dado ahora un pedacito de lo que tendremos, pero la gran herencia gloriosa nos espera allá. Así que esa es la razón por la que la Biblia a menudo habla sobre buscar la vida eterna y esperar la vida eterna. Los justos van a la vida eterna, pero la vida eterna está en los justos ahora.

Cuando el Señor establece un hecho, yo lo creo. Cuando el Señor establece otro hecho que parece contradecir el anterior, yo creo ese hecho, porque ambos son ciertos, y en poco tiempo veremos un tercer hecho que demostrará cómo ambos encajan el uno con el otro.

> A MENOS QUE JUNTEMOS TODA LA VERDAD, NO SEREMOS CAPACES DE EJERCER EL LIDERAZGO QUE JESUCRISTO MODELÓ PARA NOSOTROS CUANDO ESTUVO AQUÍ EN LA TIERRA.

Los cristianos tenemos vida eterna ahora; esa es la tesis. Esperamos la vida eterna, y esa es la tesis contraria, pero la síntesis es que la vida eterna tiene dos significados. Tiene el significado de lo que tenemos ahora, y tiene el significado de lo que vamos a tener. Si algún cristiano piensa que lo que tiene ahora es todo lo que Dios puede hacer por nosotros, tendrá que volver a pensar todo este asunto. El cristiano más feliz y más santo que haya vivido jamás es solo un principiante, y está en kínder ahora; tan solo está jugando en la orilla con un cubo de arena. Aún existe un océano esperándole, un océano de riquezas, las cuales Cristo tiene preparadas para él allá.

Lo profundo llama a lo profundo en el ruido de los tubos de desagüe de Dios, y una de estas veces, todas las pequeñas lagunas costeras que llamamos cristianos, pequeños charcos de vida eterna, por así decirlo, de repente estallarán rebosando sus diques y brotarán para encontrarse con ese vasto océano de vida eterna, al que llamamos Dios. Eso es lo que esperamos, por lo que Pablo dice: "En la esperanza de la vida eterna".

A menos que juntemos toda la verdad, no seremos capaces de ejercer el liderazgo que Jesucristo modeló para nosotros cuando estuvo aquí en la tierra. Es toda la verdad, o nada de la verdad.

Padre celestial, sinceramente me rindo a tu verdad, que es la única verdad digna de entrega. Ayúdame, oh Dios, no a ser apartado por nada que comprometa toda la verdad. Úsame, Padre, para vivir la verdad de Cristo de tal manera, que la gente vea la verdad. Amén.

5

LIDERE COMO CRISTO
EL MARCO DE LAS PROMESAS DE DIOS

En la esperanza de la vida eterna, la cual Dios, que no miente,
prometió desde antes del principio de los siglos.
—Tito 1:2

Edificar cualidades de liderazgo como las de Cristo en nosotros y en otros requiere entender las promesas de Dios. Tenemos que saber cuáles son las promesas y cómo nos conciernen a nosotros y a las personas a las que intentamos servir.

En nuestro estudio de Tito, llegamos a otra parte importante del texto: *La cual Dios, que no miente, prometió desde antes del principio de los siglos.* Sabemos, claro está, que *Dios* aquí es el Dios de Abraham, Isaac y Jacob; el Dios y Padre de nuestro Señor Jesucristo, de quien Pablo dijo que es el único Dios. Tenemos un Padre, un Dios, y la esperanza de la vida eterna en los aspectos más amplios del mundo venidero.

Una promesa es solo tan firme como quien la hace. Miremos quién hizo la promesa, y si el reporte inicial es satisfactorio, tiene cierta sensación de fiabilidad. Después, investiguemos además el historial de quien dio la promesa, si él o ella es fiable al cien por ciento y si siempre ha cumplido sus promesas. Si se ha comprobado que la persona siempre ha sido honesta y veraz, si puede cumplir la promesa, entonces no hay de qué preocuparse.

Digamos que usted recibe una carta prometiéndole algo. Quizá usted es un poco escéptico, pero, aun así, espera que la promesa sea real y genuina. Incluso quizá le pregunta a Dios: "Padre, ayúdame a creer".

Si yo recibo esa carta y veo que era solo una buena promesa hecha por un hombre que no siempre ha cumplido sus promesas, no me lo creería. Pero si supiera que el hombre ha cumplido siempre sus promesas y que es capaz de cumplir esta, confiaría en su palabra.

Así sucede con las promesas de Dios. Él no puede mentir. Toda verdad comienza y descansa en Él.

Es doloroso ver personas a quienes les cuesta tener fe, creer en Dios y sus promesas. Han despegado la promesa de quien la hizo. Cuando Dios hace una promesa, podemos confiar en Él.

TODA VERDAD COMIENZA Y DESCANSA EN ÉL.

CONOCER A DIOS EN NEGATIVO

Es interesante que Pablo, aquí en Tito 1:2, habla acerca de Dios en negativo: dice que *no miente*.

Santo Tomás de Aquino, en su libro *Of God and His Creatures* [De Dios y sus criaturas], expresó que podemos conocer a Dios de manera más perfecta mediante afirmaciones negativas sobre su carácter que mediante afirmaciones positivas. La naturaleza de Dios está tan infinitamente lejana de la nuestra, que a nosotros, hombres y mujeres caídos, nos resulta difícil describir a Dios; por lo tanto, podemos saber lo que *no es* Dios mejor que lo que *es*. Los teólogos adoptan un enfoque similar. Para entender las perfecciones de Dios, a menudo hablan de negativos.

Por ejemplo, si yo voy a enseñar sobre la evidencia de Dios, diría: "Dios no tuvo origen". No sé de qué otra manera expresarlo, porque el lenguaje humano es limitado. Todo lo demás tuvo un origen, incluyendo los mismos serafines y arcángeles, pero Dios no tuvo origen, así que debió existir en sí mismo, y así entendemos el positivo usando el negativo.

Si enseñara o meditara sobre la autosuficiencia de Dios, diría: "Dios no tiene apoyo". Y si Dios no tiene apoyo, se debe sostener por sí mismo; por lo tanto, debe ser autosuficiente. Así, mediante el negativo llegamos al positivo.

Si meditara sobre la inmutabilidad de Dios, diría: "Dios no cambia". Si Dios no cambia, debe haber sido siempre lo que es ahora; por lo tanto, es fácil razonar que siempre será lo que fue y es.

Si meditara sobre la infinitud de Dios, diría: "Dios no tiene limitaciones". Si Dios no tiene limitaciones, solo puede significar que es infinito e ilimitado.

Muchos versículos de las Escrituras describen a Dios por lo que no es:

El Señor *"No desfallece, ni se fatiga con cansancio"*.

(Isaías 40:28)

"Porque yo Jehová no cambio".   (Malaquías 3:6)

"Ni se dormirá el que te guarda".   (Salmos 121:3)

"Él no puede negarse a sí mismo".   (2 Timoteo 2:13)

"Porque nada hay imposible para Dios".   (Lucas 1:37)

"Es imposible que Dios mienta".   (Hebreos 6:18)

Pablo usó una declaración en negativo cuando dijo: "Dios, que no miente". Si simplemente hubiera dicho "el Dios verdadero" o "el Dios de verdad", podríamos haberlo sabido. Pero es más potente cuando se presenta en negativo.

Dios no puede mentir. Él nos dio la promesa de la vida eterna. ¿Qué va a hacer usted? ¿Irse a casa, esperar inquieto, y preguntarse si será cierto? No. Conozca a Dios y tenga paz. Conózcalo a Él, y no se preocupará.

A QUIEN DIOS PROMETE

Pablo dice que Dios prometió antes de que existiera el tiempo. Si Él prometió antes de que existiera el tiempo, debió haber prometido a alguien presente; y si lo prometió antes de que empezaran los siglos, debió haber prometido a alguien que estuviera antes de que comenzaran los siglos.

Entonces, ¿a quién le fue hecha la promesa?

Una vez leí un sermón de John Flavel, un predicador de estilo puritano antiguo, sobre el texto de Isaías 53:12: *Por tanto, yo le daré parte con los grandes, y con los fuertes repartirá despojos.* Flavel decía que esto indicaba que el Padre hizo un pacto con el Hijo antes de que el mundo fuera y antes de que existiera el hombre, y ese pacto no descansaba sobre ningún hombre, sino sobre Dios. La salvación del hombre fue un contrato hecho entre el Padre y el Hijo.

Nuestra esperanza cierta del futuro descansa sobre este Dios. No sobre nada de lo que vemos, tocamos, gustamos u olemos. No sobre política, civilizaciones, condiciones económicas, ni todo lo demás.

El cristianismo descansa en Dios, y es anterior no solo a todos los sistemas políticos sino también a todas las personas. Se remonta a antes de los siglos eternos y se une como una fuerte cadena al poderoso trono de Dios. Algunos dicen que los sistemas políticos se pueden mantener en pie junto al cristianismo, pero yo no lo creo en absoluto. La política no cambia nuestra esperanza de vida eterna.

Otros dicen que el cristianismo va con la corriente de todas las civilizaciones. Sin embargo, la civilización podría volver a la carreta de bueyes o incluso desaparecer, y no cambiaría en nada en el cielo más allá. La civilización no cambiará los pactos de Dios o al Dios mismo que prometió a su Hijo en un contrato santo antes de que comenzaran los siglos. Él no nos fallará si nuestra subcivilización es destruida.

> **DIOS NO HACE NADA QUE NO HAYA PACTADO HACER CON SU HIJO ETERNO ANTES DE QUE EL ALA DE UN ÁNGEL TEMBLARA POR EL MAR DE FUEGO.**

"Dios nunca hace nada nuevo", dijo Meister Eckhart, y con ello se refería a que Dios nunca hace nada repentino o impulsivo.

Dios dice en las Escrituras: *He aquí que yo hago cosa nueva* (Isaías 43:19) y *Yo hago nuevas todas las cosas* (Apocalipsis 21:5), pero Él está hablando sobre *nuestro* nuevo. Él solo habla desde nuestro lado. En esencia, Dios nos dice: "He aquí, yo haré algo nuevo que *a ustedes* les parecerá nuevo". Él no hace nada que no haya pactado hacer con su Hijo eterno antes de que el ala de un ángel temblara por el mar de fuego.

Si Dios le bendice a usted hoy, si responde a su oración, Él lo prometió antes de que existiera el tiempo. Si le salva hoy, lo hace conforme a un pacto que hizo con su Hijo antes de los siglos eternos. Por lo tanto, Dios nunca hace nada nuevo.

Cuando Dios creó su voluntad, la selló en sangre y la estableció. El Dios que no puede mentir juró por sí mismo porque no pudo jurar por ningún otro. Nuestra herencia está en Él.

Quien nos salvó y llamó con llamamiento santo, no conforme a nuestras obras, sino según el propósito suyo y la gracia que nos fue dada en Cristo Jesús antes de los tiempos de los siglos. (2 Timoteo 1:9)

En quien tenemos redención por su sangre, el perdón de pecados según las riquezas de su gracia, que hizo sobreabundar para con nosotros en toda sabiduría e inteligencia, dándonos a conocer el misterio de su voluntad, según su beneplácito, el cual se había propuesto en sí mismo, de reunir todas las cosas en Cristo, en la dispensación del cumplimiento de los tiempos, así las que están en los cielos, como las que están en la tierra. En él asimismo tuvimos herencia, habiendo sido predestinados conforme al propósito del que hace todas las cosas según el designio de su voluntad, a fin de que seamos para alabanza de su gloria, nosotros los que primeramente esperábamos en Cristo.   (Efesios 1:7-12)

No se preocupe por estas promesas, ni por el Dios que las hizo. En cambio, preocúpese de amarlo y de vivir como debería, siendo útil y veraz como Dios quiere que lo sea.

Nunca insulte a la Majestad del cielo dudando de Él, porque Él es el Dios que no puede mentir, el Dios que prometió vida eterna antes de que comenzara el tiempo. Y nosotros que creemos en Él ahora somos parte de ese contrato eterno que Él hizo con su Hijo antes del comienzo de los siglos.

Oh Dios, confío en ti como no confío en nadie más. Mucho de lo que concierne a tus promesas está fuera de mi entendimiento, pero no fuera de mi aceptación. Con todo lo que hay en mí, acepto tus promesas, y con tu gracia, viviré conforme a ellas a partir de ahora hasta la eternidad. Amén.

6

LIDERE COMO CRISTO

MANIFESTADO A TRAVÉS DE LA PREDICACIÓN

*[Dios] a su debido tiempo manifestó su palabra
por medio de la predicación que me fue encomendada
por mandato de Dios nuestro Salvador.*
—Tito 1:3

El liderazgo espiritual depende en gran parte del ministerio de la predicación.

La predicación no es un arte, como muchos piensan. Los libros pueden enseñarle cómo ser el mejor predicador que puede llegar a ser. No hay nada trágicamente erróneo en eso, pero yo preferiría ser un mal predicador que imita el liderazgo de Cristo en mis sermones que ser el mejor predicador del planeta. La pregunta es: ¿estoy predicando para impresionar, o estoy predicando de tal forma que Cristo está fluyendo a través de mí hasta la gente a la que estoy ministrando?

Según estudiamos en Tito, observemos que Pablo podía haber puesto un punto después de "a su debido tiempo manifestó su palabra". Pero no lo hizo. Añadió una pequeña frase proposicional, "por medio de la predicación", demostrando que la predicación de Pablo le fue encomendada a Pablo según el mandato de Dios nuestro Salvador.

No creo que en todos mis años haya sentido un peso como el de estas palabras: *por medio de la predicación*. Pienso en la condescendencia de Dios al utilizar esas palabras. Qué seguro de sí mismo debió estar Dios para confiar un plan tan perfecto a un medio tan imperfecto. Este plan de Dios perfecto, redactado entre las personas de la Divinidad antes del tiempo, fue un plan para recuperar al hombre de su condición perdida, para reclamarlo después de su caída y readmitirlo después de su desgraciada expulsión, para darle vida eterna y finalmente inmortalidad.

Teniendo en cuenta cuáles son las leyes de Dios, quién es Dios y cuál es su naturaleza, esto no fue fácil. Este plan tenía que ver con la moralidad y la estructura del universo. Tenía que ver con los mismos cimientos sobre los que descansan los cielos, la tierra y todas las cosas visibles e invisibles. Y Dios tuvo que trazar un plan para establecer los planos de la creación, después edificar según esos planos, y luego revelar la estructura. Solo Dios podía hacer eso, y lo hizo de una forma infinitamente perfecta y excelente, como sería de esperar de un Dios que el poder del lenguaje no puede describir.

Esa es la perfección del plan, y ahora, maravilla de las maravillas, Dios lo da a conocer mediante la predicación, uno de los medios más imperfectos. ¿Por qué es imperfecta la predicación? Porque conlleva lenguaje, y siempre que algo conlleve lenguaje significará imperfección.

El lenguaje se vuelve profundo cuando habla de la religión y el alma del hombre. Aun así, siempre hay imperfección, por la sencilla razón de que el lenguaje es fluido y cambia. Debido a los muchos idiomas que hay en todo el mundo, nuestros misioneros nos cuentan historias desgarradoras y cómicas de sus esfuerzos por comunicar ideas. Incluso naciones que usan el mismo idioma usan distintas palabras para referirse a lo mismo. El lenguaje también tiende a localizarse, con lo que una palabra en particular no significa lo mismo en otra localidad. Un simple ejemplo: nos subimos a un elevador en América y a un ascensor en Inglaterra.

LÍDERES IMPERFECTOS, Y SIN EMBARGO USADOS POR DIOS

Pienso en la enorme y aplastante obligación que descansa sobre los líderes que se levantan para declarar la verdad en cualquier lugar. Como mensajeros del Dios todopoderoso, son investidos con la autoridad del Dios todopoderoso con un mensaje del Dios todopoderoso. Sin embargo, ningún documento secreto ha sido jamás llevado en ningún maletín por ningún embajador, por muy ultrasecreto que fuera, que se pueda comparar con la seriedad y el peso del mensaje del que es portador el predicador más sencillo y pobre que exista hoy, listo para predicar a un pequeño rebaño.

Sí, el futuro de millones descansa en las manos de los que predican la Palabra y los maestros que se ponen en pie delante de sus clases para declarar la Palabra. Esa también es una forma de predicación; no la excluya: dar la Palabra, enseñar la Palabra, instruir, exhortar e inspirar a hombres, mujeres y jóvenes.

Pienso en el hombre que se levantó perezoso una mañana, con dolor de cabeza, y se dijo a sí mismo: "Creo que hoy no voy a orar mucho. Mejor descansaré". Así que anduvo matando el tiempo en su casa, pero poco después, el Espíritu de Dios comenzó a moverlo, y declaró: "Tengo que orar". Al orar, la luz de Dios vino sobre él. Después salió esa noche o el domingo siguiente y predicó, y alguien se convirtió. La conversión de esa persona tuvo como resultado la conversión de uno de los ancestros de usted, lo que resultó en la conversión de alguien más de su linaje familiar, hasta que después llegó a usted. Ahora usted es cristiano y su casa es cristiana porque alguien en ese entonces no le falló a Dios.

El ministerio puede ser un lugar muy bueno para que un hombre perezoso sea indulgente con sus talentos, porque nadie se dará cuenta. Puede dormir hasta mediodía, y si recibe una llamada a las diez, puede levantarse e intentar poner voz de despierto. Pero ¿cómo puede un hombre sobre cuya cabeza Dios ha puesto sus manos ser alguna vez perezoso, cuando pensamos en la condescendencia de Dios que hizo que su plan perfecto llegara a través del medio imperfecto de la predicación? Con la poderosa obligación que reside en los líderes cristianos, ¿cómo pueden ser perezosos? ¿Cómo pueden ser descuidados? Y, sin embargo, algunos lo son.

> NINGÚN DOCUMENTO SECRETO HA SIDO JAMÁS LLEVADO EN NINGÚN MALETÍN POR NINGÚN EMBAJADOR, POR MUY ULTRASECRETO QUE FUERA, QUE SE PUEDA COMPARAR CON LA SERIEDAD Y EL PESO DEL MENSAJE DEL QUE ES PORTADOR EL PREDICADOR MÁS SENCILLO Y POBRE QUE EXISTA HOY.

¿Cómo podría un hombre ser cobarde al predicar un mensaje que Dios le ha dado? Sin embargo, hay predicadores que se vuelven atrás de su mensaje y la verdad, diciendo después: "No quería ofenderle". Los predicadores no están por encima de las disculpas, por supuesto. Si es un hombre cristiano, debe disculparse si ha herido a alguien, pero nunca debería tener miedo.

Después está el hombre codicioso, a quien no entiendo. El hombre que permite la oferta monetaria del consejo de la iglesia para determinar si predicará o no. Lea lo que dice Ezequiel: *Hijo de hombre, yo te he puesto por atalaya a la casa de Israel* (Ezequiel 3:17). Piense en lo terrible que es eso; sin embargo, podemos atrevernos a tener pensamientos santos y mezclarlos con el dinero y la popularidad y lo que la gente piense y diga.

LA RESPONSABILIDAD DE LOS OYENTES

Después está la abrumadora responsabilidad que reposa sobre el oyente. ¿Qué pone al oyente bajo obligación? La fuente del mensaje, en primer lugar. A través de las Escrituras, Dios declara: "El Dios Altísimo, el Hijo del Hombre dijo esto…"; "Ve y diles que yo he dicho esto…" y cosas semejantes.

Incluso las cosas elementales del evangelio ponen al oyente bajo una obligación.

Recuerde que el sermón no termina cuando se pronuncia la bendición. Nadie ha terminado de recibir el mensaje cuando el predicador dice: "Y por último… amén". El oyente quizá esté dormido, y algunos lo están. El oyente se puede burlar, y algunos lo hacen. El oyente se puede resistir, y algunos también lo hacen. Pero todos ciertamente tendrán que dar cuenta de sus responsabilidades en ese gran día.

¿Nos damos cuenta de que somos hijos de la eternidad? ¿Nos damos cuenta de que nacimos para morir aquí abajo? Resucitaremos en el cielo o en el infierno, y entonces enfrentaremos las cosas.

Dios le dijo a Ezequiel: *Pero si tú amonestares al impío, y él no se convirtiere de su impiedad y de su mal camino, él morirá por su maldad, pero tú habrás librado tu alma* (Ezequiel 3:19). Ezequiel sabía cuán serio es el mandato de Dios, y que el malvado morirá en su iniquidad.

Dios también le dijo a Ezequiel: *Pero si al justo amonestares para que no peque, y no pecare, de cierto vivirá, porque fue amonestado; y tú habrás librado tu alma* (Ezequiel 3:21).

Así que ahí lo tenemos, dos lados de la misma moneda: un predicador con su obligación de hablar y el oyente con su obligación de oír.

QUE DIOS TENGA MISERICORDIA

Yo digo: "Dios, ten misericordia de nosotros". Que Dios tenga misericordia de los predicadores que fallan. Misericordia de ese profeta llamado de Dios que piensa más en su hogar, en su automóvil, su salario y su comodidad que en las almas de los hombres. Que Dios tenga misericordia de ese hombre cobarde que edita las cosas ofensivas de la doctrina por temor a que alguna jerarquía lo reprenda o se gane la reputación de no tener sana doctrina. Jóvenes, permítanme animarlos. Ustedes pueden superar la vergüenza de reputaciones que matarían a algunas personas. El Espíritu Santo viene sobre ustedes; sean bendecidos, bendigan a otros y demanden más espacios para su predicación y liderazgo. Entonces los que intentaban entorpecer su camino no podrán hacerlo más, así que les aceptarán, les darán una palmada en la espalda y dirán: "Bueno, no lo veo exactamente como tú, pero sigue así".

Dios tenga misericordia de los predicadores que fallan. Pienso en el tiempo que hemos malgastado y en el que no hemos usado bien. Considero, como un hombre a quien Dios llamó cuando tenía diecisiete años, cuánto he malgastado y qué mal predicador soy, comparado con lo que podría haber sido si hubiera obedecido a Dios.

Finalmente, Dios, ten misericordia de los oyentes que ignoran su responsabilidad y rehúsan dejarse afectar por tu evangelio.

Te alabo, oh Dios, por tu Palabra manifestada a través de la predicación. Por fortuna, tu Palabra no está basada solamente en mi habilidad para predicar, sino más bien en la obra del Espíritu Santo a través de mi predicación. No es mi predicación sino tu manifestación a través de la predicación lo que importa. Que mi predicación refleje solo tu presencia. Amén.

7

ENTENDER EL ORDEN BÍBLICO

A Tito, verdadero hijo en la común fe: Gracia, misericordia
y paz, de Dios Padre y del Señor Jesucristo nuestro Salvador.
Por esta causa [Pablo] te dejé en Creta, para que corrigieses
lo deficiente, y establecieses ancianos en cada ciudad,
así como yo te mandé.
—Tito 1:4-5

Para mantener la semejanza de Cristo en nuestro liderazgo tenemos que entender el orden bíblico. Durante el ministerio de Cristo, Él nunca quebrantó el orden bíblico. Sin duda, Él estableció el fundamento para dicho orden.

Pablo nos bosqueja cuál es ese orden bíblico y cómo debemos usarlo para mantener un liderazgo semejante al de Cristo. No deberíamos preparar las cosas sobre la marcha. Debemos ajustarnos a lo que nos ha sido establecido.

Sin embargo, no debemos desarrollar verdades elementales y obvias. Debemos construir sobre ellas.

Las Escrituras dicen muchas cosas obvias, y me atrevería a decir que un gran porcentaje, si no el cien por ciento de las falsas doctrinas surgen de la incapacidad de saber qué hacer con lo obvio. Si escucha un sermón y dice para sí: "No puedo negar que es cierto, pero no me hizo ningún bien; era soso", entonces el orador estaba desarrollando lo obvio. Explicó lo que no necesitaba explicación y se movió laboriosamente sobre un terreno ya cultivado.

El escritor de Hebreos advirtió sobre esto cuando en esencia, dijo: "Dejemos las doctrinas fundamentales, la enseñanza elemental, y vayamos a la perfección, la imposición de manos y el bautismo. Avancemos" (ver 6:1-2). No hará usted mucho progreso enseñando una y otra vez lo que ya todos saben.

COMÚN FE

Al comienzo de su carta a Tito, Pablo lo llamó "verdadero hijo en la común fe". Quizá se pregunte qué significa la "común fe", porque *común* no siempre se ve como una palabra positiva. Sin duda, la palabra tiene muchas definiciones.

Hablamos sobre el pan común y describimos ver algo cotidiano como "un paisaje común". Pablo habló sobre las tentaciones comunes (ver 1 Corintios 10:13), y cuando Pedro tuvo la visión del lienzo le dijo a Jesús que no había comido nunca nada común o inmundo (ver Hechos 10:14). En estos usos, *común* significa lo contrario a excelente o único. Sin embargo, Pablo le dio la vuelta y usó *común* para describir la fe de los padres. ¿Por qué?

De nuevo, no nos perdamos en lo obvio, porque *común* también puede significar "abierto a todos" o "compartido por un grupo".

En Inglaterra y Gales, por ejemplo, las comunidades rurales tienen lugares llamados comunes: tierras que no pertenecen a nadie, pero pertenecen a todos comúnmente. Casi en todas partes, caminamos por una calle y vamos por una acera común; vayamos a un parque, y es un lugar común para todos. Ese es un significado de la palabra *común*: abierto a todos.

Judas 1:3 hace referencia a la "común salvación", queriendo decir que está abierta a todos, no restringida a un pequeño grupo.

Otro significado de *común* es "compartido por un grupo". Supongamos que un hombre y su esposa tienen un bebé, pero unos meses después, el bebé muere. Los padres pueden decirse legítimamente el uno al otro: "Compartimos una tristeza común". Nadie más tiene ese mismo nivel de tristeza. Si nace otro hijo, los padres pueden decir: "Es nuestra común alegría".

Eso es lo que Pablo quiso decir con "común fe": fe compartida por un grupo de personas, no por todo el mundo.

LA NECESIDAD DE ORGANIZACIÓN

Pablo continúa su carta a Tito con: "Por esta causa te dejé en Creta". Creta era una de las cinco grandes islas de Grecia, y las otras cuatro eran Sicilia, Córcega, Cerdeña y Chipre. Pablo quería que Tito se quedara en Creta para nombrar ancianos para las iglesias. Los padres de la iglesia primitiva pusieron líderes sobre otros aspectos de su ministerio también. En este pasaje, los discípulos fueron a una congregación para encontrar a las mejores personas posibles para ayudar con las viudas.

Entonces los doce convocaron a la multitud de los discípulos, y dijeron: No es justo que nosotros dejemos la palabra de Dios, para servir a las mesas. Buscad, pues, hermanos, de entre vosotros a siete varones de buen testimonio, llenos del Espíritu Santo y de sabiduría, a quienes encarguemos de este trabajo. (Hechos 6:2-3)

Cuando solo dos o tres se reunían en el nombre del Señor no había necesidad de organizarse, pero en cuanto surgió una multitud de creyentes, fue necesaria alguna forma de organización, como también reveló 1 Pedro 5:1-3:

*Ruego a los ancianos que están entre vosotros, yo anciano
también con ellos, y testigo de los padecimientos de Cristo,
que soy también participante de la gloria que será reve-
ludu: Apacentad la grey de Dios que está entre vosotros,
cuidando de ella, no por fuerza, sino voluntariamente; no
por ganancia deshonesta, sino con ánimo pronto; no como
teniendo señorío sobre los que están a vuestro cuidado, sino
siendo ejemplos de la grey.*

Cualquier grupo de cristianos que se reúna debe tener algún
tipo de organización para poder funcionar bien. De lo contrario, no habrá orden alguno, solo caos y movimiento malgastado.
La gran prueba de esto reside en 1 Corintios 12, donde Pablo
asemeja la iglesia al cuerpo. El cerebro tiene que decirles a los
nervios lo que tienen que decir a los músculos, y los músculos
tienen que cooperar con las articulaciones, y todo tiene que trabajar unido. Así también la iglesia de Cristo, si quiere trabajar,
debe estar organizada.

Una auténtica iglesia del Nuevo Testamento debe tener ofi-
cios, autoridad y obediencia. Debemos estar preparados y dispuestos como cristianos para admitir esto, porque eso es lo que
enseña la Biblia. Si una congregación no está organizada, me
resulta inevitable compadecerme de ella.

GUIADOS POR EL ESPÍRITU SANTO

Los hombres buenos a veces dicen cosas que no deberían decir nunca. Al predicador inglés del siglo XIX Charles
Spurgeon le preguntaron en cierta ocasión: "Sr. Spurgeon,
¿usted ha sido ordenado alguna vez?". Se dice que respondió:
"No, nadie ha impuesto sus manos vacías sobre mi cabeza vacía".

Spurgeon rechazaba la ordenación, y como resultado, el laicismo se apoderó de la iglesia evangélica. Sin embargo, las Escrituras hablan claramente sobre el orden bíblico. Leamos de nuevo Hechos 6: Los "siete varones de buen testimonio" no comenzaron su trabajo hasta que los apóstoles oraron, impusieron sus manos sobre ellos y los ordenaron así para el ministerio (vv. 3-6).

Dios no le da a ningún hombre autoridad dictatorial sobre la iglesia. Le da una posición y cierta autoridad espiritual en ella, donde si esa iglesia es una iglesia de Dios, le serán reconocidas; pero él no tiene derecho a tomar la batuta, gobernar la vida de todos y dictar. Por supuesto que no.

Pedro dijo que los ancianos deberían servir como supervisores: *no como teniendo señorío sobre los que están a vuestro cuidado, sino siendo ejemplos de la grey* (1 Pedro 5:3). Tienen que ser pastores del rebaño, no sargentos que mandan. Hay una diferencia, y los buenos líderes son los que nos guían, no los que nos mandan.

El pastor no es un asalariado. Es uno del grupo, ordenado por Dios para asumir cierto liderazgo, y el rebaño lo sigue a él, así como él sigue al Señor. Nunca debemos considerarlo un hombre a quien contratar y luego despedir bajo la dirección de algún miembro del consejo.

Necesitamos desesperadamente el tipo correcto de liderazgo. Lo que tenemos ahora no es el liderazgo del Espíritu Santo. Es un método de liderazgo de ayuntamiento con todo tipo de nuevas tácticas y metodologías. Las personas de la iglesia son el rebaño de Dios, y deberían tener voz a la hora de seleccionar a quienes ordenan las cosas. Pero recordemos que, si el gran Dios todopoderoso no ordena a un hombre, este no es un anciano, sin importar cuántas veces pudiera ser elegido.

Para funcionar, la iglesia necesita un liderazgo cristocéntrico, comunión, cooperación y orden. Es maravilloso trabajar juntos y que todos estén dispuestos a hacer su parte. Donde está el Espíritu de Dios, dudo que haya mucha probabilidad de dificultad. Eso solo sucede cuando entra la carnalidad.

> **SI EL GRAN DIOS TODOPODEROSO NO ORDENA A UN HOMBRE, ESTE NO ES UN ANCIANO, SIN IMPORTAR CUÁNTAS VECES PUDIERA SER ELEGIDO.**

El Dr. Samuel Johnson, el escritor británico del siglo XVIII, hizo en una ocasión una de las observaciones más sabias y perspicaces que haya hecho jamás un hombre no inspirado. Según cuenta la historia, él estaba sentado con otros en su club de literatura, conversando sobre todo lo que había en el cielo y en la tierra. Nunca había algo demasiado alto o demasiado bajo como para que no pudieran conversar sobre ello. No estaban ahí sentados diciendo bromas y contando chistes como lo hacen los hombres de hoy día. Ellos conversaban sobre cosas doctas. El Dr. Johnson lo dejó zanjado para mí y para siempre cuando dijo: "Señores, he observado que no marca mucha diferencia qué forma de gobierno haya en un país. Las personas estarán contentas solo si el gobernante es justo".

Si queremos honrar a Cristo y liderar como Cristo, tenemos que entender esto y comprometernos con ello cueste lo que cueste.

Te alabo, Señor Jesús, porque eres la cabeza de la iglesia y estás al mando. Ayúdame a rendirme a tu autoridad mientras actúa en mi ministerio personal. Úsame según tus deseos de llevar a cabo tu obra para toda la eternidad. Amén.

8

✝

LIDERE COMO CRISTO
EL FRUTO OBVIO

Porque es necesario que el obispo sea irreprensible,
como administrador de Dios.
—Tito 1:7

El fruto de liderar como Cristo es una iglesia que refleja el carácter y la naturaleza de Cristo. Para liderar como Cristo, debemos disciplinar a los creyentes para que exhiban la maravillosa gracia de Dios en sus vidas.

La iglesia liderada por Cristo nunca reflejará la cultura, sino que siempre reflejará al Señor Jesucristo en toda su gloria. Nuestro éxito no viene de imitar al mundo, sino de imitar a Cristo.

Nos encontramos viviendo a cientos de años del comienzo de la iglesia del Nuevo Testamento. Ha llovido mucho desde entonces, y han soplado muchos vientos. Muchas mentes dictatoriales fuertes han dejado su huella en la iglesia durante los siglos. En la actualidad, tenemos distintas perspectivas sobre los obispos, ancianos y diáconos. El Nuevo Testamento no es muy claro con respecto a todo esto. Establece principios; pero deja el desarrollo de esos principios a la iglesia.

Pablo llama a los obispos administradores de Dios, y dice que deben ser irreprensibles. Irreprensible no es una virtud, sino un resumen de otras virtudes. Pablo dijo primero que los obispos deben ser irreprensibles, y después estableció algo como: "Esto es a lo que me refiero con 'irreprensibles'". Ese era el método de Pablo.

SER IRREPRENSIBLE

¿Qué quiere decir Pablo cuando dice que los obispos deben ser irreprensibles como administradores de Dios? Pablo está hablando de cualquiera que tenga un oficio en la iglesia. Y, si esto es cierto en ellos, ciertamente debe serlo de cada uno de los hijos de Dios. Dios no tiene una doble vara de medir. Él no dice: "Los santos deben ser muy pobres", y obtenemos nuestro sacerdocio de los santos. Dios quiere que todo su pueblo sea santo, y cualquier cosa dicha aquí sobre un anciano debería aplicarse también al convertido más reciente, o en cuanto pueda desarrollarse y crecer en su espiritualidad. Al menos, el estándar está ahí para él.

No importa qué oficio tenga usted en la iglesia; si es líder de alguna forma dentro de la iglesia, todo esto y su connotación moral para todo verdadero cristiano se aplica a usted.

Lo primero sobre este hombre que se menciona es que debe ser marido de una sola esposa. Debe ser monógamo, y no debe tener varias esposas, como hacían en muchas partes del mundo en ese entonces y como hacen ahora en algunos lugares. Creta era un crisol para todo tipo de nacionalidad, filosofía y religión, y deshacerse de una esposa y vivir con otra era algo común y aceptado. Pablo esencialmente dijo: "Estamos presentando el estándar de moralidad más elevado que cualquier cosa conocida en Creta". Aunque no lo impuso, lo estableció como una regla. Cada líder en asuntos de la iglesia, al margen de lo que haga, si está delante de un público y el público lo tiene como un ejemplo, debe entender que, a causa de Dios, de la fe y de la gente, debe ser recto en este aspecto en particular.

Pablo después dice que los ancianos deben tener una casa decente. Dice aquí: *Y tenga hijos creyentes que no estén acusados de disolución ni de rebeldía* (v. 6).

Algunas personas han sido tan conscientes de esto que, si la familia de un potencial líder no se había convertido, no podía servir en la iglesia. Eso no es lo que significa la frase. Lo que entiendo que quiere decir esto es que el hombre que ha recibido una posición en la iglesia no debería tener la reputación de dirigir una familia sin prestarle mucha atención, y en la que sus hijos llegan a cualquier hora, bebiendo, fumando y siendo rebeldes. El hogar cristiano debería ser un lugar decente donde vivir, y si no puede lograr que todos sus hijos nazcan de nuevo, al menos puede decirles, como yo he dicho cientos de veces a los míos: "Recuerden que en este hogar hay reglas, así que si deciden vivir bajo este techo, tienen que obedecer las reglas. Aquí hay algunas cosas que no hacemos". Creo que eso es lo que Pablo tenía en mente aquí.

Por ejemplo, si un anciano de la iglesia ha perdido por completo el control de su familia, aunque el hombre pueda ser bueno y llore largas horas en oración por esto, no debiera estar en el liderazgo, porque las personas probablemente lo juzgarán por su casa. Esta versión dice que sus hijos deberían ser fieles y "que no estén acusados de disolución ni de rebeldía". Él no puede controlar lo que ocurre en el corazón de sus hijos, pero sí puede controlar lo que ocurre en su hogar. El hombre que no tiene suficientes agallas para ocuparse de que su hogar esté en orden, no tiene lo que se necesita para ser líder de una iglesia. No solo se necesita una espiritualidad compasiva para ser líder de la iglesia, sino también la capacidad de decir sí y no.

HUMILDE Y CAPAZ DE TRABAJAR CON PERSONAS

Lo tercero sobre los líderes espirituales es que no deberían ser tenaces. Es decir, un líder no es un tipo obstinado que impondrá sus formas, y menos si eso hace surgir disputa en la congregación. Eso no tiene ningún sentido, absolutamente ninguno. Sin embargo, algunos piensan que ellos están por delante de todo lo demás.

Teníamos una palabra en la granja para un hombre así: lo llamábamos cabeza dura. Un hombre cabeza dura no tiene lugar en el púlpito. En mi mente, uno de los hombres más cabeza dura que haya vivido jamás fue Martín Lutero, pero tuvo que superarlo. Tuvo que llegar a un punto en que dijo: "El viejo Lutero ha muerto, y el Señor vive dentro". Y, aunque era normal para Lutero ser muy tenaz, tuvo que humillarse y aprender a trabajar con las personas.

Todo mi ministerio ha sido autocontradictorio. Tengo un temperamento que no quiere recibir órdenes de nadie, no llevarse bien con nadie. Y, sin embargo, tengo la convicción espiritual de que debo hacerlo, y por eso lo hago. Mi anciano padre inglés era tan tenaz e independiente que, cuando se fue de la granja y llegó a la ciudad, se resintió con su jefe hasta que murió porque el jefe le decía lo que tenía que hacer. Mi padre no quería que nadie lo mandara.

Por temperamento, así es como yo también me siento; pero la doctrina, el Espíritu, y la enseñanza de la Palabra me dicen que no puedo salirme siempre con la mía. Algunas veces me votarán en contra, y mi opinión a veces será silenciada. El Señor hace esto para mantenerme humilde.

Por lo tanto, no debemos ser tenaces. Un superintendente de escuela dominical tenaz no se llevará bien con sus maestros; un maestro tenaz no se llevará bien con su clase; un diácono tenaz no se llevará bien con nadie.

En el versículo 7 de este pasaje, Pablo dice que un líder tampoco debe ser iracundo. No hay excusa para ser iracundo. Que nadie le eche la culpa a su familia o a la cultura. Si usted tiene mal humor, considérelo una falla de carácter. Acuda a Dios, y lidie con ello. Ore por ello; llore hasta que Dios le libre de eso.

Ahora bien, un hombre con mucho temperamento no puede ser manso enseguida. Tiene que conseguir que su temperamento sea purificado y consagrado, de modo que lo que solía ser un temperamento que lo hacía meter la pata, se convierta en una fortaleza interior de carácter que lo haga amar la justicia y odiar la iniquidad. Él es más fuerte para eso, pero cuando el diablo está en ello, simplemente tiene un carácter malvado, y un carácter malvado siempre es malo. No hay excusas para ello. Nadie tiene el derecho de ser elegido para nada en ninguna iglesia si tiene mal carácter.

El versículo 7 también dice que los ancianos no deben ser dados al vino. No creo que tenga que explicar este punto. Esto no puede acompañar al liderazgo espiritual. Si beber vino hace que un hermano tropiece, no tengo que beber vino.

Los líderes tampoco deberían ser violentos. La versión Reina-Valera dice que un líder no debe ser "pendenciero". Es casi divertido, a primera vista, pero recordemos a quién está escribiendo Pablo: a los cretenses; y es evidente que el modo de vida de algunas personas en Creta era usando sus puños. Eso es lo que significa *pendenciero*. No tiene nada que ver con las huelgas que a veces hacen algunos empleados. De nuevo, lo que significa aquí es usar los puños para dar golpes. Piense en un diácono de mayor edad intentando hacer que alguien haga lo que le ha dicho, y golpeándole para que obedezca. No tiene que esposar a las personas para que obedezcan. La iglesia tiene otras maneras de predicar la obediencia.

DINERO Y HOSPITALIDAD

En nuestro pasaje de las Escrituras, Pablo también dice que los ancianos no deberían ser egoístas para el dinero. ("no codicioso de ganancias deshonestas", en la Reina-Valera).

Puedo oír a Pablo cuando usa la palabra *dinero* casi rodando por su lengua. Él nunca tuvo dinero. El dinero es una cosa, y la ganancia deshonesta es otra. Por supuesto, *ganancia* significa lucro, y la ganancia deshonesta significa que se ha conseguido de manera sucia o es una ganancia que se ama demasiado y que, por lo tanto, se ha convertido en deshonesta. Así que el dinero es sucio solo cuando alguien lo hace sucio mediante su actitud hacia él. Por otro lado, Pablo escribe en otra parte lo que se debe hacer con el dinero: "Cada primer día de la semana", decía esencialmente, "que todos traigan su dinero, lo dejen ahí y se lo entreguen a Dios para que pueda ser repartido a quienes tienen necesidad" (ver 1 Corintios 16:2-3).

Los ancianos calificados también deben ser hospedadores. La iglesia debería ser un ejemplo para los vecindarios que la rodean. La iglesia nunca debe adoptar la naturaleza del vecindario. La iglesia nunca debería adoptar la naturaleza moral de la época en la que vive. La iglesia está moralmente separada de la época en la que vive como Jesucristo estaba separado de Roma. La iglesia debería ser un pueblo separado, y todos deberíamos ser este tipo de gente mansa, amable, callada, buena y generosa para que el mundo que nos rodea sepa qué tipo de personas somos, y las tinieblas mismas deberían hacer que la estrella de nuestra iglesia brille mucho más. Deberíamos tener ese tipo de iglesia desde el convertido más reciente hasta el anciano más antiguo y honorable. Nadie debería vivir una vida que alguien pudiera señalar y decir: "No me gusta el estilo de vida que está viviendo".

> **NUESTRO LIDERAZGO SIEMPRE DEBERÍA REFLEJAR LOS VALORES DE CRISTO EN TODO LO QUE HACEMOS.**

Si usted usa el cristianismo para cubrir su forma de vivir, lo que necesita es avivamiento, y lo necesita rápidamente, y también lo necesita con urgencia. Debemos vivir de forma perfectamente limpia y abierta en cada lugar que estemos, en el autobús y el tren, en el trabajo, en todo lugar, para que cuando comencemos una conversación religiosa, no tengamos miedo de compartir nuestro testimonio por la manera en que vivimos.

Nuestro liderazgo siempre debería reflejar los valores de Cristo en todo lo que hacemos, y deberíamos discipular a los creyentes bajo nuestro ministerio para que hagan lo mismo. Para liderar como Cristo, enfóquese siempre en Cristo y termine en Cristo.

Padre, me someto con dedicación exclusiva a las reglas y el orden que tú estableces para mi vida y ministerio. Que nunca me enrede en nada que comprometa en manera alguna el trabajo que me has llamado a hacer. Amén.

9

LIDERE COMO CRISTO

ATRIBUTOS DE
UN LÍDER ESPIRITUAL

*Porque es necesario que el obispo sea irreprensible,
como administrador de Dios; no soberbio, no iracundo,
no dado al vino, no pendenciero, no codicioso de ganancias
deshonestas, sino hospedador, amante de lo bueno, sobrio,
justo, santo, dueño de sí mismo.*
—Tito 1:7-8

Nada es más importante en nuestro liderazgo espiritual que las calificaciones que nos alinean con Jesucristo. Estas calificaciones no vienen del mundo. Muchos líderes están demasiado educados por el mundo como para concentrarse en las repercusiones espirituales del ministerio. No necesitamos credenciales empresariales, sino un llamado de Dios abrumador sobre nuestra vida que no nos permita hacer ninguna otra cosa.

Como presentamos en el capítulo anterior de este libro, Pablo le está diciendo a otro hombre de Dios, Tito, cuáles son las calificaciones para el liderazgo de la iglesia. Le pido que observe una cosa aquí, algo que aparece en claro contraste con nuestra forma habitual de juzgar las cosas. Observe que faltan por completo las calificaciones *intelectuales*. El versículo 9 habla sobre la capacidad de "exhortar… y convencer a los que contradicen". Eso asumiría un grado justo de capacidad intelectual, pero las calificaciones aquí no son intelectuales. Ellos no son lo que llamaríamos hombres dotados según la manera humana de mirarlo.

HOSPITALIDAD BÍBLICA

Pablo dice que una calificación para los líderes en la iglesia es el ser hospedador. ¿Qué significa hospedador?

La costumbre de esos tiempos para los misioneros y obreros, como Pablo, Silas y Bernabé, era viajar de un lugar a otro. Pablo nombró muchos de los lugares en sus cartas. Viajaban, por lo general, con un presupuesto ajustado. Siempre estaban bajo presión y nunca tenían una alfombra roja esperándolos. Alguien tomó una piedra gris en lugar de una alfombra roja, y estaban listos para lanzar piedras a Pablo y sus compañeros.

Así que los cristianos abrían sus casas a estos predicadores itinerantes, y esto es lo que significa hospitalidad. No significa invitar a sus familiares a quedarse. Eso es algo bueno, y se da por hecho. Está bien que sus familiares le visiten, e intercambien visitas y les permitan ir y venir. Según comentaristas y traductores de la Biblia, *hospitalidad* parece referirse aquí a como lo hacían entonces. Los cristianos abrían sus casas a los predicadores que viajaban. Juan advirtió que no abrieran sus casas a los predicadores incorrectos. Si usted abre su casa a un falso maestro, ha participado de sus malas obras. Incluso está contribuyendo a su delincuencia.

En el versículo 8, Pablo define a un líder hospedador como "amante de lo bueno". La *Biblia del Jubileo*, dice "amador de los buenos".

A veces, los traductores discrepan en si *bueno* o *malo* significa una abstracción o personalidad. Por ejemplo, el Padrenuestro dice: "Líbranos del mal" (Mateo 6:13). Los traductores no saben exactamente si mal es un nombre o un adjetivo. No saben si debería ser "líbranos del maligno" o "líbranos del mal". De cualquier forma, sin embargo, no importa. No saben si Pablo dijo "amante de los buenos" o "amante de lo bueno", pero, en cualquier caso, simplemente significa que una cualidad o calificación para el hombre que trabaja en la iglesia debería ser que ama lo bueno, y de forma natural ama a las buenas personas. La pregunta es: ¿dónde está su afinidad o tendencia?

¿DÓNDE ESTÁ SU AFINIDAD?

No le pregunto dónde emplea su tiempo, porque algunas personas lo emplean ministrando en lugares donde todo el mundo es malo. No se puede evitar eso. Sin embargo, ¿dónde está su afinidad o tendencia? ¿Dónde va cuando tiene libertad para ir donde quiera? ¿Dónde se siente como en casa? ¿Y qué tipo de personas ve?

Si usted busca mundanos, personas que priorizan los placeres del mundo, eso es lo que debería encontrar. Uno no debería ser aceptado como un buen cristiano si se siente como en casa estando entre personas mundanas. De nuevo, algunos trabajan y tienen que estar presentes en reuniones con este tipo de personas. Usted tiene que ir, pero no lo escogería. Se va en cuanto puede y no participa de sus malas acciones, sino que es parte de su trabajo. Por lo tanto, la pregunta no es dónde tiene que ir a veces, sino ¿dónde se siente cómo en casa? ¿Dónde está cuando descansa? ¿Dónde están las personas que son como usted?

Todo el mundo que sea parte del consejo oficial de la iglesia debería calificar como amante de lo bueno y amante de los buenos. No entiendo cómo una iglesia puede esperar tener la bendición de Dios sobre ella si tolera a personas en lugares de liderazgo que no son amantes de los buenos o que se sienten como en casa cuando están con creyentes tibios o mundanos.

RESPONSABLE

A continuación, Pablo dice que un líder debería ser sobrio, no caprichoso. Aunque la Reina-Valera usa la palabra *sobrio*, creo que no tiene nada que ver con el alcohol. Pablo habló de eso cuando dijo que no debemos ser dados al vino. Aquí, *sobrio* significa "no imprudente, no irresponsable y no excitable".

Los pastores conocen a personas buenas y dotadas que a la vez son irresponsables y no se les puede confiar el liderazgo. Estas personas buscan libertad, pero no es libertad, sino irresponsabilidad. Cristo dice: "Toma mi yugo", pero ellos no llevarán ningún yugo. No se puede decir que irán al infierno. Ellos dicen que no, e insisten en que irán al cielo por la gracia de Dios. Las personas así son potros sin domar. No resistirán ningún arnés. Dicen que no creen que deban hacerlo porque es contrario a la doctrina de Pablo de la libertad. Aun así, Pablo tuvo mucho cuidado al enseñar que tenemos muchos tipos de libertad; debemos poner toda la responsabilidad sobre nosotros, por causa de Cristo y por causa de la iglesia. Pero algunos no están dispuestos a hacer eso. Así que son irresponsables, imprudentes y de algún modo excitables y caprichosos. Aunque caigan bien, no se puede confiar en ellos, y hay miles de ellos en las iglesias.

Después, Pablo dice que los líderes que son liderados por Cristo deben ser santos. Esa es su relación con Dios y su temperamento. Esta es su relación con usted mismo. Ahí tenemos de nuevo ese triángulo famoso al que aludo tan a menudo: nuestra relación con Dios, con nuestro prójimo y con nosotros mismos. Pablo lo llama sobrio, justo y piadoso más adelante en su epístola. Aquí lo llama justo, santo y dueño de sí mismo. El hombre dueño de sí mismo es un hombre con una relación correcta consigo mismo. El hombre santo está en una relación correcta con Dios, y el hombre justo está en buena relación con todos.

Quizá usted diga: "Yo no siempre he sido así". Bueno, empiece hoy. No puede esperar regresar al pasado y deshacer todo lo que ha hecho, pero puede comenzar ahora. Me encanta este hermoso versículo: *He aquí, yo hago nuevas todas las cosas* (Apocalipsis 21:5). Comience aquí y comience ahora. Cuando un hombre o una mujer acude a Dios, Dios confiará en ellos como si nunca hubieran hecho nada mal. Dios empieza ahora. Ahora es el tiempo aceptable: el *ahora* de Dios. Por lo tanto, el hombre justo es el hombre que es honesto con su prójimo, el hombre santo es justo en su relación con Dios, y el hombre dueño de sí mismo es el que tiene una relación correcta consigo mismo.

RETENER LA SANA DOCTRINA

Según Pablo, los líderes calificados deben ser "retenedores de la palabra fiel" (1:9). Debemos recordar que Pablo no era un hombre técnico. No nos crucificaría por un tecnicismo; pero tampoco era un hombre descuidado.

Hoy día vivimos en una era de religión sin credo. No creemos en nada en particular, dice la gente. Tan solo amamos a todos, amamos al Señor y nos reunimos en un sencillo lugar de adoración y comunión, y todos vamos en la misma dirección.

Pero Pablo dijo que debemos retener la palabra fiel de la sana doctrina. Pablo era un doctrinario, no lo olvidemos. Dijo que el amor lo era todo; pero también hizo doctrina para que fuera la dirección que tomar para el amor, y de la doctrina brotaba el amor. Por lo tanto, el líder de la iglesia tiene que ser un hombre que retenga la palabra fiel; no ideas sueltas, no interpretaciones personales, sino solo la palabra fiel. Y lo hace para exhortar y convencer, mediante la sana doctrina, a los que siempre llevan la contraria. Tiene que ser capaz de hacer dos cosas: tiene que explicar y exponer. Es un hombre informado que conoce las Escrituras con la capacidad de explicar y exponer. Explicar es lo positivo. Exponer es lo negativo. *Explicar* es decir lo que dicen las Escrituras. *Exponer* es exhibir dónde se equivocan los maestros.

> **EL LÍDER DE LA IGLESIA DEBE TENER LA PALABRA FIEL Y LA SANA DOCTRINA, Y SEGUIR LO QUE LE HAN ENSEÑADO DE LA PALABRA DE DIOS.**

Por ejemplo, vayamos a Gálatas, Colosenses o 1 Juan. Estas son algunas grandes exposiciones que exhiben a las personas tal como son. Un buen líder tiene que estar informado y después tener la capacidad de explicar la enseñanza hasta cierto grado y mostrar el error para que las personas no terminen siendo bebés en pañales. Es tan cierto como la vida, que una iglesia que es descuidada acerca de su doctrina terminará en el mismo lugar que el hombre que no se preocupa de mirar las señales si viaja atravesando el país y termina en algún lugar en una carretera cortada. La sana doctrina es la autopista claramente señalizada. Aunque no lo es todo, conduce a Dios, y es muy importante que no nos atrevamos a ignorarla.

Por lo tanto, el líder de la iglesia debe tener la palabra fiel y la sana doctrina, y seguir lo que le han enseñado de la Palabra de Dios. También debe ser capaz de exponerla para que otros la entiendan, y defenderla para que quienes contradicen y los charlatanes no confundan a los hijos de Dios.

La iglesia local y su liderazgo no son como ninguna otra cosa en el mundo. Las grandes universidades que comenzaron como instituciones para preparar futuros líderes de iglesias lentamente se han inclinado hacia una preparación mundana.

Para liderar como Cristo debemos llevar con nosotros sus atributos y que se reflejan mediante nuestro ministerio.

Te pido, oh Padre celestial, que pueda representar al mundo que me rodea lo que debe ser un líder espiritual. Acepto la responsabilidad de vivir el tipo de vida que tú pides para hacer la obra que has ordenado. Amén.

10

LIDERE COMO CRISTO

ENTENDER LA CALIFICACIÓN TRIPLE

Retenedor de la palabra fiel tal como ha sido enseñada, para que también pueda exhortar con sana enseñanza y convencer a los que contradicen.
—Tito 1:9

El trabajo del liderazgo espiritual es llevar a la iglesia a una completa armonía con la naturaleza de Cristo. Esto no es algo que se consigue de la noche a la mañana. Se necesita mucho tiempo y energía, y solo se puede lograr mediante el poder del Espíritu Santo.

En Tito 1:9 Pablo presenta una calificación triple de los líderes cristianos: "retenedor de la palabra fiel" para enseñar a los enseñables y corregir a los equivocados.

Cristo, los apóstoles y los padres de la iglesia sostenían que hay una fuente de la cual procede la verdad. Cristo no estaba buscando la verdad; Cristo mismo es esa verdad.

Imagino que prácticamente no hay nada que un hombre se disponga a hacer o afirme para sí y que sea más reconfortante para su ego carnal, que imaginarse como un buscador de la verdad. He hablado con muchas personas inteligentes que me aseguraron que eran buscadores de la verdad.

Los apóstoles de Cristo no eran buscadores de la verdad, ni tampoco lo eran los padres de la iglesia. Ellos buscaron *en la verdad* para conocer más de la verdad. La idea de que buscaron en todo el universo, a través de todos los corredores del pensamiento humano, para encontrar la verdad es un concepto pagano y no bíblico.

Nunca entró una idea similar en la mente de los apóstoles y los padres de la iglesia. Ellos creían que hay un criterio para juzgar todas las ideas: la verdad absoluta. No, como algunos creen, la verdad relativa.

Algunas verdades aquí en este mundo son sin duda pragmáticas y relativas. Por ejemplo, la verdad entre hombre y hombre. Pero la verdad cristiana no es algo ni relativo ni pragmático. Es absoluta. No nos lo dice todo, pero nos dice lo que necesitamos saber acerca de Dios. Esa es una gran diferencia. Por lo tanto, el verdadero cristiano, por ejemplo, no acude a la filosofía griega para averiguar acerca de Dios. Las Escrituras nos dicen lo que necesitamos saber sobre Dios.

Los líderes que son liderados por Cristo también buscan la revelación divina para enseñarles lo que necesitan saber acerca del hombre, acerca del pecado, acerca de la salvación. El problema con el hombre no es la psicología o la educación, sino más bien el pecado. No hablar del factor pecado es no actuar como un líder espiritual calificado.

Supongo que algunos dirían que esta es una visión muy estrecha de las cosas. Sin embargo, ahí está: el libro santo de Dios, este criterio, esta revelación que llamamos la Santa Biblia. Una revelación que está lo suficientemente llena para que nosotros pasemos toda una vida estudiando. Sin transigir. Sin modificar. Sin editar. Así, el Espíritu Santo dice que un maestro debería estar convencido de la palabra fiel y retener la sana doctrina.

Algunos creen todo lo contrario de lo que acabo de afirmar. Como agentes morales libres, tienen el perfecto derecho a creer lo que quieran si están dispuestos a pagar el precio y asumir las consecuencias.

Yo no creo en la fe impuesta. Deberíamos poner la verdad delante de las personas y advertirles las consecuencias de la falta de arrepentimiento. Entonces deberíamos dejarlas en manos de Dios y de su conciencia. Las personas que son obligadas a creer no son cristianas. Tienen tanto parecido a un verdadero cristiano como una perla cultivada a una perla real, o una flor de plástico a una flor que florece en el jardín.

La fe que es mera conformidad no es fe. La fe de nuestros padres no es una fe eficiente y operativa a menos que se convierta en la fe de nuestros hijos. Solo creer algo porque usted creció en una iglesia indica que está tomando sus creencias de segunda mano y tomando prestadas sus convicciones. Las convicciones prestadas no significan nada.

No descansaré hasta que la fe de nuestros padres se convierta en la fe de nuestros hijos e hijas.

LA FE QUE ES MERA CONFORMIDAD NO ES FE.

CREENCIAS INCONGRUENTES

Cada vez más personas, incluso dentro de la iglesia, defienden que la Biblia no es un fundamento de donde procede la verdad, que no es un criterio válido por el que se puedan juzgar las ideas, que no es una revelación válida con autoridad, sino otra cosa. Esta es una extraña incongruencia, no cabe duda, porque, como dije, muchas de estas personas están en nuestras iglesias y se olvidan de que la idea misma de tener una iglesia sale del Nuevo Testamento.

La gente cree que la Biblia es un libro de mitos morales. Este es el lenguaje amable que algunos usan con respecto a nuestra Santa Biblia. Tiene algo de validez y utilidad, dicen ellos, pero no es sana y ciertamente no es absoluta.

Otros creen que la Biblia es un libro inspirado, un libro consolador, pero no una fuente de la que fluye toda la verdad. Cada domingo, estas personas se reúnen para citar de la Biblia que consideran no ser fiable. Oran a un Dios del que leen en un libro que no creen. Buscan traer el reino del cielo, del que han oído hablar en el libro en el que ya no creen. Entierran a sus muertos y todavía citan las palabras: "Yo soy la resurrección y la vida".

Considero todo eso un sinsentido infinito, y entiendo lo que quiso decir Jesús cuando afirmó: *Yo conozco tus obras, que ni eres frío ni caliente. ¡Ojalá fueses frío o caliente! Pero por cuanto eres tibio, y no frío ni caliente, te vomitaré de mi boca* (Apocalipsis 3:15-16).

O lo que Cristo dijo es cierto, o no es cierto. Si es cierto, estamos bajo la severa obligación de creerlo, y si lo creemos, somos instantáneamente responsables de obedecerlo. Si no es cierto, todo el concepto de la iglesia es falso, y cada vez que entramos en una iglesia y ponemos una moneda en la bolsa de la ofrenda, contribuimos a su falsedad y ayudamos a propagar el error. Porque las Escrituras dicen: *Y si Cristo no resucitó, vuestra fe es vana; aún estáis en vuestros pecados. Entonces también los que durmieron en Cristo perecieron. Si en esta vida solamente esperamos en Cristo, somos los más dignos de conmiseración de todos los hombres* (1 Corintios 15:17-19).

De nuevo, le doy a una persona el derecho de ser un incrédulo, pero no puedo tolerar, ni hay pozo alguno de caridad lo suficientemente profundo dentro de mí, para respetar a alguien que asiste a la iglesia y al mismo tiempo no cree en la deidad de Cristo, quien fundó la iglesia. Tampoco respeto a la persona que sigue servilmente una versión diluida de una Biblia que no considera la verdadera Palabra de Dios. Mejor sería que dejara valientemente su Biblia a un lado y se fuera a tomar el sol, a respirar profundamente y decir: "A partir de ahora, camino por mi cuenta". Los débiles andan alrededor de iglesias cuyo Cristo no es Cristo, cuyo Dios no es Dios, y cuya Biblia no se considera la verdad.

Doy gracias a Dios que puedo decir: *Mas ahora Cristo ha resucitado de los muertos; primicias de los que durmieron es hecho. Porque por cuanto la muerte entró por un hombre, también por un hombre la resurrección de los muertos* (1 Corintios 15:20-21).

Sin embargo, si creo que lo sé todo, me descalifico de poder ser usado en situaciones lideradas por Cristo. No debo inflar el pecho orgullosamente y decir: "Soy mejor que usted". Yo digo, igual que diría un pobre sapito o conejito: "Gracias a Dios que el sol brilla en la pradera y el estanque esta mañana, pero yo no hice ni el sol ni el estanque. Dios hizo ambas cosas".

Los líderes que piensan que lo saben todo no pueden liderar como Cristo. El sol brilla porque Dios hizo que el sol brillara. Así que usted y yo podemos decir: "Doy gracias a Dios reverentemente porque el sol está brillando sobre mí esta mañana, porque la luz de la verdad ha alcanzado mi corazón. Creo en el Libro, creo en el Cristo del Libro, creo en el evangelio que fluye del Libro, y creo en la realidad de la fe de nuestros padres".

Algunas personas dirán de nosotros: "Ustedes están muy seguros de sí mismos. Creen que son más santos y mejores que yo". Pero, qué poco saben sobre el verdadero cristiano. Qué poco saben que usted y yo sentimos que somos lo peor de la humanidad en nuestro corazón, que no somos dignos de ser cristianos, y que Jesucristo, por su misericordia y su gracia, nos ha salvado. El mejor cristiano sabe que, si recibiera su merecido, estaría en el infierno en este momento. Lo sabe, y lo cree, así que toda la alabanza va para Aquel que creó el sol, no para aquel sobre quien brilla la luz.

DIOS HABLA

Cuando nuestro Señor resucitó de los muertos, Pedro dijo: *… a este Jesús a quien vosotros crucificasteis, Dios le ha hecho Señor y Cristo* (Hechos 2:36). Él se mostró vivo después de su pasión mediante muchas pruebas infalibles.

Hebreos 1:1-4 dice:

Dios, habiendo hablado muchas veces y de muchas maneras en otro tiempo a los padres por los profetas, en estos postreros días nos ha hablado por el Hijo, a quien constituyó heredero de todo, y por quien asimismo hizo el universo; el cual, siendo el resplandor de su gloria, y la imagen misma de su sustancia, y quien sustenta todas las cosas con la palabra de su poder, habiendo efectuado la purificación de nuestros pecados por medio de sí mismo, se sentó a la diestra de la Majestad en las alturas, hecho tanto superior a los ángeles, cuanto heredó más excelente nombre que ellos.

La gente dice: "Estoy confundido; el cristianismo tiene demasiadas doctrinas". Sin embargo, Dios no juzgará a su pueblo ni a ninguna persona en el último día por ninguna doctrina predicada por un hombre mortal. Él nos juzgará según lo que hayamos hecho con la luz recibida: *La palabra que he hablado, ella le juzgará en el día postrero* (Juan 12:48).

Nuestro Señor Jesucristo dijo las cosas como son para siempre cuando afirmó: *El que quiera hacer la voluntad de Dios, conocerá si la doctrina es de Dios, o si yo hablo por mi propia cuenta* (Juan 7:17).

Algunos no creen en la autoridad de la Palabra de Dios y dicen que es un libro reconfortante, pero falso en algunos puntos; sinsentido. ¿Por qué buscaría yo la inmortalidad de un hombre que no pudo salir de su propia tumba?

Crea la Palabra de Dios, acepte la verdad y ponga a Jesucristo ante sus ojos. Y, al obedecerlo y creer en Él, busque la verdad. Pero búsquela dentro de la Biblia, no fuera de ella.

Para liderar como Cristo, debe entender este fundamento.

Amado Padre celestial, tu verdad ha transformado mi vida más de lo que podría agradecerte nunca. Te pido que la verdad que fluye en mí fluya también a través de mí para tocar a los que me rodean. Me entrego por completo a tu verdad. Amén.

11

MANTÉNGASE BIEN AFERRADO A LA PALABRA

Retenedor de la palabra fiel tal como ha sido enseñada, para que también pueda exhortar con sana enseñanza y convencer a los que contradicen. Porque hay aún muchos contumaces, habladores de vanidades y engañadores, mayormente los de la circuncisión.
—Tito 1:9-10

Para liderar como Cristo necesitaremos lidiar con cosas difíciles. No es fácil estar involucrado en el liderazgo espiritual, razón por la que Pablo advirtió que un "neófito" (un nuevo convertido) no debería ser obispo en la iglesia, "no sea que envaneciéndose caiga en la condenación del diablo" (1 Timoteo 3:6). Un neófito no sería capaz de manejar muchas de las situaciones que se les presentan a los líderes.

Es esencial lidiar con asuntos que comprometen el liderazgo bíblico. Demasiadas personas están dispuestas a transigir para llevarse bien con otros. Jesús no hizo eso, y ciertamente es algo que el apóstol Pablo tampoco hizo.

Necesitamos una sana doctrina y asirnos de la Palabra de Dios. Esto no significa conocer todas las historias de la Biblia. Tenemos que saber lo que enseña la Biblia y cómo afecta nuestras vidas hoy.

Tenemos que tratar asuntos difíciles, tal como Pablo escribió en Tito 1:10: *Porque hay aún muchos contumaces*. Honestamente, siento tener que lidiar con esto, porque preferiría hablar sobre el lado alegre de las cosas. Aun así, vivimos en un mundo lleno de pecado y del diablo, donde la iglesia es como un rebaño de ovejas en el desierto, rodeado de lobos.

¿No sería un mundo ideal si no hubiera personas contumaces? ¿Ni holgazanes, ni charlatanes, ni engañadores en ningún lado? ¿Un lugar donde la verdad crece sin cultivarla, sin malas hierbas que cortar o terreno duro que romper con un azadón, donde todo el mundo sonríe, recibe la Palabra y comienza a obedecerla?

Sin duda que sería un mundo cómodo y hermoso, pero usted y yo sabemos que no es así. La madurez exige que lidiemos con las cosas tal y como son, no como nos gustaría que fueran.

Creo sinceramente que personas bien intencionadas intentan hacer que el cristianismo sea débil y diluido. Miran al mundo con un solo ojo: el ojo bueno. Ven el atardecer; pero nunca la tormenta. Oyen el canto de los pájaros; pero nunca ven el buitre. Ven rosaledas; pero su ojo ciego no mira las espinas. Escuchan risas de felicidad; pero no el quejido. Ven al cristiano gozoso; pero no reconocen la presencia del contumaz, del charlatán, del engañador.

Eso es inmadurez espiritual. Si yo estuviera en graves apuros y necesitara oración, no iría en busca de un hombre que tuviera fama de no enfrentar nunca la realidad. No querría ir en busca de un hombre demasiado contento, porque en un mundo como este, si usted está demasiado contento probablemente es inmaduro espiritualmente. El hombre inmaduro ve solo las cosas felices y no ve ni enfrenta el otro lado.

Pablo era un hombre maduro que veía ambos lados. Desde la prisión, escribió: *Regocijaos en el Señor siempre. Otra vez digo: ¡Regocijaos!* (Filipenses 4:4). Pero Pablo también se describió a sí mismo y a otros obreros del ministerio como: *Entristecidos, mas siempre gozosos* (2 Corintios 6:10). Quisiera que orara conmigo el hombre cuyo corazón estuviera alentado por el sustento interior de la vida de Dios, pero cuyo corazón estuviera también muy cargado con la grasa del mundo. Ese es un cristiano maduro.

LOS CONTUMACES Y HABLADORES DE VANIDADES

Según Donald Spence, el famoso expositor bíblico y decano de Gloucester a finales del siglo XIX, la persona contumaz tiene estas cuatro cosas contra él: rehúsa toda clase de obediencia, actúa para sí mismo, es fatuo (necio y sin sentido) y es insubordinado.

El hombre rebelde imagina que es fuerte, pero no lo es; es simplemente carnal. Y se permitirá a sí mismo seguir en esa dirección: rebelde, contumaz e insubordinado, lo cual le hace daño solamente a sí mismo. Las Escrituras dicen que incluso el arcángel Miguel, cuando disputaba con el diablo por el cuerpo de Moisés, no se atrevió a decir: "Te desafío". En cambio, dijo: *El Señor te reprenda* (Judas 1:9).

El insubordinado también desprecia el espíritu del rebaño, del que somos miembros. Rechaza la voz del pastor y de los que están bajo el pastor, y expresa osadamente su opinión personal contra el pastor y todos los buenos cristianos de la iglesia.

Fue este estado del corazón lo que mantuvo al antiguo Israel en constante agitación. Siempre estaban recayendo. Golpeados hasta las lágrimas y azotados, se arrepentían, eran restaurados y después se volvían desafiantes y tercos, y volvían a recaer. Toda la historia de Israel fue así. Es algo trágico que, incluso cuando vino el Mesías, lo resistieron. Dijeron: "No queremos que este hombre reine sobre nosotros".

Los contumaces son espíritus inquietos y molestos que citan las Escrituras para sus propios propósitos. Son habladores de vanidades "a los cuales es preciso tapar la boca", dijo Pablo (Tito 1:11). Ahora bien, alguno podría preguntar: "¿Por qué no dejarlos ser así?". Los que creen en el "proceso de dejarlos ser así" señalan la parábola del trigo y la cizaña y mencionan: "Dejad crecer juntamente lo uno y lo otro hasta la siega" (Mateo 13:30). Quieren pasar por alto las malas hierbas y dejar que todo crezca junto, pero Jesús nunca enseñó: "Dejen que las malas hierbas crezcan en la iglesia". En Lucas 10:3, dijo: *Id; he aquí yo os envío como corderos en medio de lobos.* Así, las ovejas y los lobos pueden vivir juntos en el mundo, pero no en el redil. Vea la diferencia. Los dos no deben vivir juntos en la iglesia. ¿Por qué? Porque el contumaz trastoca casas enteras. La palabra *trastoca* significa derrocar minando la moral y destruyendo la lealtad o la fe. Por eso Pablo dice que los contumaces y habladores de vanidades deben ser silenciados.

LA CASA DE CRISTO

En los días de Pablo, los creyentes aún no habían comenzado a edificar iglesias. Se reunían en sinagogas, en los hogares de las personas, en aposentos altos, dondequiera que pudieran estar juntos.

En Hechos 12, después del asesinato a espada de Jacobo, Herodes tomó a Pedro e intentó matarlo también, pero las Escrituras dicen que se hacía oración continuamente pidiendo a Dios por Pedro, y Dios envió a un ángel y lo liberó. ¿A dónde cree que se dirigió él? A buscar una iglesia, por supuesto. Sabía que se estaban reuniendo y orando por él en la casa de la madre de Marcos, María.

Esa era una reunión de iglesia en una casa, razón por la que Pablo dijo a los santos: *Saludad a los hermanos [...] y a Ninfas y a la iglesia que está en su casa* (Colosenses 4:15). Pablo también habló sobre predicar el evangelio de casa en casa, o como podríamos decir también, de iglesia en iglesia. Así que la palabra *casa* significaba la iglesia.

Hay cristianos ahora que, si señalamos a una iglesia, dicen con asombro: "¿No se da cuenta de que la iglesia es el cuerpo de Cristo, y ese edificio es solo una construcción?". Claro, sabemos eso, razón por la que nunca deberíamos dejar que las palabras nos dominen. Cuando digo la Tercera Iglesia Presbiteriana o la Primera Iglesia Bautista, todos saben que no me refiero al edificio. Me estoy refiriendo a la gente.

Examinemos estos ejemplos, empezando con la expresión "Toda la sala hizo un gesto". ¿Qué queremos decir con eso? ¿Significa que la gente que estaba de pie o sentada en sillas hizo el gesto? Seguro que no significa que la sala física hizo el gesto. Cuando decimos que habrá una reunión de la mesa presidencial, no estamos hablando de la mesa en sí, sino de las personas que conforman la presidencia y que se sentarán en torno a una mesa. Un ejemplo similar es la Cámara de Representantes. Cuando alguien dice que la Cámara aún no ha aprobado un proyecto de ley, no se refiere al edificio que hay en Washington, DC. Se refiere a los varios cientos de oficiales electos que se reúnen en esa casa.

No nos esclavicemos a las palabras.

NUESTRA DEFENSA CONTRA LOS ENGAÑADORES

Entonces, ¿qué hacemos con los contumaces, los habladores de vanidades y los engañadores? ¿Cómo podemos desactivarlos y hacer que sean inofensivos?

Las Escrituras dicen que deberíamos responder estableciendo la palabra fiel y la sana doctrina, convenciendo y exhortando, para que cualquier esfuerzo por trastocar la iglesia sea inofensivo. La única defensa perfecta contra el error es la verdad, y la única defensa contra una gran mentira es una gran verdad.

En Tito 1:12, Pablo dijo en esencia: "Que los cristianos en Creta tengan cuidado, y ustedes maestros, sean sanos en la fe y cuidadosos. Retengan la palabra fiel, porque, recuerden, los cretenses son siempre mentirosos".

Pablo acusó a todo el grupo. Usted quizá se pregunta si se puede generalizar de esta forma. Recuerde que las grandes ciudades se habían corrompido por completo. Mire Sodoma y Gomorra. Estaban tan corrompidos, que solo salieron media docena de personas. Pero ¿es posible que toda una población se corrompa? Mire el diluvio. El mundo estaba tan corrupto moralmente, que lo único que Dios pudo hacer fue ahogarlos a todos salvo a ocho personas que escogió a las que aún les quedaba algo de decencia.

Cuando yo era un niño no teníamos refrigeración, así que teníamos que hacer lo que podíamos para que nuestra fruta no se estropeara. A veces una caja de manzanas se pudría tanto, que uno podía meter el brazo en el moho hasta el codo. A mí no me importaba eso, así que solía hacerlo. Si encontraba una manzana dura, la sacaba y la lavaba. Usted puede creerlo o no, pero entre las podridas con frecuencia había alguna manzana completamente sana porque no había ni una sola rendija en su piel.

Pablo enseñó que el cristianismo viene con dos cosas: sana doctrina y sana moralidad. No creo que se pueda ser sano hasta tener ambas cosas; por lo tanto, reprenda rápidamente a los que no sean sanos en alguna de las dos áreas, porque solo hay un estándar para el cristianismo, el estándar de Cristo, ya sea que estemos en un bosque antiguo en algún lugar o en Chicago. No se moleste por las costumbres de una persona; pero cuando se trate de las cuestiones morales, deberíamos molestarlos. Si no lo hacemos, no estamos predicando la Palabra.

> **SI USTED SOLO SE AFERRA A UN CREDO ORTODOXO QUE NO PRODUCE PUREZA DE CONDUCTA, ENTONCES SU CREDO NO ES ORTODOXO.**

Cuando Pablo habló de "sana enseñanza", se refería a ser ortodoxo en la creencia y puro en la conducta. Una cosa lleva a la otra, y no se pueden separar las dos. Si usted solo se aferra a un credo ortodoxo que no produce pureza de conducta, entonces su credo no es ortodoxo.

Lo ideal es no aceptar los estándares de moralidad arbitraria, como "Debes comer esto, y no debes comer eso; puedes vestir esto, pero no puedes vestir aquello". Más bien, deje que la verdad nos purifique. Cristo es la verdad, y Cristo es santidad encarnada. Tenemos la obligación de ser discípulos suyos en las creencias y en las cosas prácticas, y adorar en espíritu y verdad.

Sí, incluso en medio de una ciudad podrida como Chicago, Dios puede meter la mano, buscar y encontrar algunas manzanas que estén brillantes, rojas y sanas, conservadas así por el maravilloso poder de Dios. Y todo el tiempo que estamos en ese mismo barril, el poder de Dios puede guardarnos mediante la fe para salvación, lista para ser revelada en el último momento, para que nunca olamos ni siquiera el mundo que nos rodea.

Qué maravilloso. Dentro de la iglesia de Cristo no debería haber moho. La iglesia de Cristo debería ser un lugar donde todas las manzanas estuvieran sanas y donde cada creyente fuera puro.

Te alabo, oh Padre, por tu Palabra, que es el fundamento de mi vida y ministerio. Que nunca deje de asirme de tu Palabra, y que el Espíritu Santo fluya en mí y a través de mí por tu Palabra. Amén.

12

UN COMPROMISO CON LA SANA DOCTRINA

Pero tú habla lo que está de acuerdo con la sana doctrina.
—Tito 2:1

Este versículo representa el lado práctico de liderar como Cristo. Para ser fieles a nuestro llamado no tenemos la opción de diluir nuestra doctrina. Puede que a la cultura no le guste la doctrina, y puede que no encaje en su estilo de vida, pero la cultura no es nuestra Biblia.

Para el apóstol Pablo, la salvación en Jesucristo llevaba consigo creencias y prácticas en armonía con esas creencias. Era lo único que Pablo sabía. Su teología tenía dos lados: creencias y vivencia correctas. Un lado se podía considerar los cimientos, y el otro la edificación. Otra forma de pensar en ello es que las raíces de un árbol son nuestra teología (lo que creemos acerca de Dios en Cristo), y el árbol y su fruto son nuestra moralidad y modo de vida correcto.

Así que tenemos teología y moralidad, la creencia correcta y la vida correcta, todo unido. Es extraño que hayamos olvidado en estos días que no se pueden separar. Si usted incluso lo menciona, algunos le llamarán legalista. Pero no me importa lo que me llamen, así que continuaremos y enseñaré lo que Pablo enseñaba.

La iglesia evangélica ha caído en malos tiempos, y miles de personas que antes eran verdaderos creyentes se están alejando de la Palabra misma. Qué necedad tan grande separar la raíz del árbol o el árbol de la raíz. ¿Se imagina qué valor tendría una raíz enterrada profundamente en la tierra si no tiene árbol ni fruto en el árbol? ¿Se imagina cuán necio sería tener un árbol sin raíz? Así como no se puede tener un árbol sin raíz, no se puede tener una raíz sin un árbol; ambos tienen que ir juntos. Piense en cuán necio es excavar cimientos, cavando con una excavadora, deshacerse de toda la tierra que saque, cargarla a paladas para llevarla a otro lugar, y después echar los cimientos y levantarlos para dejarlos ahí sin asentar encima ninguna casa. ¿Para qué servirían? ¿Qué bien hace la teología a menos que se traduzca en un modo de vida correcto? ¿Para qué sirve la sana doctrina a menos que se traduzca en moralidad, sana verdad y buena manera de vivir?

Algunos intentan levantar un edificio sin cimientos. Quieren vivir correctamente; sin embargo, no tienen cimientos para su edificación. Así que levantan el edificio y lo mantienen inflado con el viento. El resultado es hablar, hablar y hablar sin soporte. Nosotros, por el contrario, tendemos a poner cimientos por todas partes y no ponemos los edificios. Pero Pablo, en este pasaje, en esencia dice: "Tito, asegúrate de tener ambas cosas. Asegúrate de que la gente no solo tenga una buena teología, sino que también entienda que la teología sin una buena conducta es vanidad".

CREENCIAS CORRECTAS, MODO DE VIDA CORRECTO

En mi modo de pensar, Charles G. Finney fue el mayor evangelista que haya vivido jamás, incluyendo al apóstol Pablo. Finney no fue tan grande como Pablo el teólogo o Pablo el apóstol, pero fue mayor que Pablo en la tarea que Dios le dio para desempeñar: el evangelismo. Finney enseñaba con valentía, decía cosas como: "Es un error tener clases en las que se enseña doctrina a menos que hagamos la aplicación y le digamos a la gente: 'Ahora, como resultado de creer esta verdad, así es como tienen que vivir. Ajusten toda su vida conforme a ello'". Las creencias correctas sin un modo de vida correcto tienen muy poco valor. ¿Cómo vamos a vivir correctamente si no tenemos las creencias correctas?

Cristo dio una ilustración poderosa en el Evangelio de Mateo que estaba en perfecta armonía con la enseñanza de Pablo aquí en Tito. Jesús dijo: *Cualquiera, pues, que me oye estas palabras, y las hace, le compararé a un hombre prudente, que edificó su casa sobre la roca* (Mateo 7:24).

LAS CREENCIAS CORRECTAS SIN UN MODO DE VIDA CORRECTO TIENEN MUY POCO VALOR.

Oír las enseñanzas de Cristo, eso es teología. Poner en práctica sus enseñanzas, eso es moralidad. Dicho de otra forma, oír las enseñanzas de Cristo es poner los cimientos, y practicarlas es el edificio. Escuchar y practicar las enseñanzas de Cristo es la raíz y el árbol. Nuestro Señor nunca separó las dos. Él esperaba y quería que las dos fueran juntas.

Si todo predicador insistiera por tres meses en que todos obedecieran lo que se predicara de la Palabra, creo que tendríamos algún avivamiento en nuestra tierra, alguna reforma que perduraría.

Cuando se edifica un edificio con buena meteorología, se hace sabiendo que el buen tiempo no durará. Cuando usted edifica en el mes de julio, entiende que llegará septiembre y también febrero. Usted construye con una brisa de aire y el sol brillando con calma sobre las praderas, sabiendo que llegará la época en la que el viento soplará a cincuenta kilómetros por hora y caerá lluvia torrencial.

El Señor nos enseñó sobre un hombre que construyó su casa sobre la roca. Cuando descendió la lluvia y llegaron los ríos, cuando soplaron los vientos y golpearon contra la casa, esta se mantuvo en pie. No cayó, "porque estaba fundada sobre la roca", dijo Jesús. Mateo 7:26 dice: *Pero cualquiera que me oye estas palabras y no las hace, le compararé a un hombre insensato, que edificó su casa sobre la arena.*

Todo esto es muy práctico. Cuando la sabiduría moral edifica una casa, excava hasta llegar a la roca y asienta unos cimientos buenos y firmes. La necedad moral edifica sobre la arena, y cuando vienen la lluvia, los ríos y el viento, lo cual es de esperar, la casa se cae. Esta casa construida sobre la arena se construyó con tanto cuidado como la otra, salvo que se obviaron los cimientos. El hombre tenía algún tipo de teología, pero no estaba sostenida por la luz.

Debe haber una práctica sana al oír y al hacer. Pablo enseñó: *Pero tú habla lo que está de acuerdo con la sana doctrina* (Tito 2:1).

"Entonces, ¿de qué deberíamos hablar?", me imagino a la gente preguntando a Pablo.

"¿Deberíamos enseñar que crean en la Trinidad?".

"Sí", quizá respondió Pablo, "pero yo no voy a hablar sobre eso".

"¿Creencia en la deidad de Jesús?".

"Sí, pero no me refiero a eso".

"¿El bautismo por inmersión?".

"Por supuesto", quizá dijo Pablo.

"¿Quieres que enseñemos sobre la segunda venida?".

"No me refiero a eso".

"Entonces, ¿qué quieres que enseñemos?".

"Quiero que enseñen todo eso; pero lo que les estoy pidiendo específicamente que enseñen aquí en Creta son las cosas que benefician a la sana doctrina".

La lección de Pablo para hoy es que debiéramos comenzar a vivir como cristianos. Si lo hacemos, nuestras oraciones tomarán inmediatamente un nuevo poder, y nuestro testimonio tomará un nuevo filo. Nuestro gozo comenzará a surgir de inmediato como ríos en el desierto, y creo que podremos dejar una huella en la humanidad.

Algunos hermanos ortodoxos han comenzado a creer, durante los últimos años, que si conseguimos unos buenos escritores polémicos, es decir, escritores argumentativos, que sepan cómo argumentar con otros, y conseguimos algunos buenos libros que argumenten a favor de la fe, podemos curar el liberalismo. Nunca, mi hermano. La cura es vivir como cristianos.

Por lo tanto, le ruego: comencemos a vivir la vida que beneficia a la sana doctrina.

Si queremos liderar como Cristo, tenemos que acumular toda la doctrina en simple armonía y después vivir esa doctrina delante de la gente a la que ministramos. Ese tipo de vida crea hambre y sed por la sana doctrina.

Mi Padre celestial, cómo te alabo por la doctrina presentada en tu santa Palabra. Te alabo porque el Espíritu Santo me capacita para tomar esa doctrina y aplicarla a mi vida cada día. Quiero continuar en tu fortaleza para vivir la sana doctrina que esperas de mí. En el nombre de Jesús. Amén.

13

ENSEÑE LOS ATRIBUTOS DE LA GRACIA DE DIOS

Porque la gracia de Dios se ha manifestado para salvación a todos los hombres.
—Tito 2:11

Tengamos en mente que liderazgo espiritual es algo más que tan solo tener experiencia en teología. Es importante conocer la teología, y es algo que recomiendo porque conlleva el estudio de Dios. Pero el liderazgo semejante al de Cristo se eleva por encima del conocimiento humano y depende de la obra del Espíritu Santo.

La Biblia es un libro inteligente. Pero una de las glorias de la Escritura es que, aunque nunca deberíamos ir en su contra, a menudo la rebasamos.

Eso es lo que hicieron los profetas del Antiguo Testamento y los apóstoles del Nuevo Testamento. Vieron visiones, soñaron sueños, y miraron el rostro del Dios imponente. Oyeron y vieron cosas que sus intelectos no podían comparar con nada que supieran o que enseñaran los hombres mortales. Todo estaba por encima del poder de la mente, pero nunca fue contrario al buen razonamiento.

San Anselmo de Canterbury dijo en su famosa frase: "No pretendo entender para poder creer, sino más bien, creer para poder entender". Esta conocida frase estaba basada en lo que dijo San Agustín: "Crean para que puedan entender".

En el creyente, la fe siempre va primero. Entonces, puede pensar de forma profunda, intensa, amplia e imaginativa, tanto como quiera, porque su pensamiento está construido sobre los cimientos de la fe. Se eleva por encima de la razón, pero nunca por encima de la fe.

ENTENDER LAS ESCRITURAS

Alguien le preguntó una vez a Gypsy Smith, el evangelista británico, qué hacía con los versículos de la Biblia que no podía entender. "Lo mismo que cuando como pescado y me encuentro una espina", respondió. "La dejo en un lado del plato".

Cuando encuentre un pasaje que es difícil de razonar y a la vez parezca contradecir las enseñanzas claras de las Escrituras, déjelo a un lado. Y tenga cuidado con el fanático implacable que le dice que, como usted no entiende un pasaje, él o ella le iluminará con una enseñanza que contradice otros veinticinco pasajes.

Por lo general, Pablo comienza en sus epístolas con una teología pesada, estableciendo los cimientos con doctrina buena y sólida, y después construye sobre ella con exhortaciones, mandamientos e indicaciones. Tenemos que hacer esto y aquello, enseña a menudo. Pero enseguida, en Tito, Pablo nos da el razonamiento: *Porque la gracia de Dios se ha manifestado para salvación a todos los hombres* (2:11).

Cuando usted estudia la Biblia y se cruza con una palabra o un concepto que no entiende, es muy útil buscar qué significa esa palabra o concepto. Pero también puede ahorrarse mucha confusión identificando lo que *no* significa.

Tito 2:11 no significa que todos vayan a ser salvos. Eso lo tengo claro, pues el hombre que escribió Tito dijo: *Porque no es de todos la fe* (2 Tesalonicenses 3:2). Fue también Pablo quien dijo: *Mas los malos hombres y los engañadores irán de mal en peor, engañando y siendo engañados* (2 Timoteo 3:13).

También sé que nuestro versículo no significa que todos los hombres hayan escuchado de la gracia de Dios. Es cierto que la gracia de Dios que trae salvación se ha manifestado a todos los hombres, pero eso puede dejar la falsa impresión de que todas las personas del mundo han oído de la gracia de Dios. Me encantaría que fuera así, pero no lo es.

Si Tito 2:11 significara que todos han oído de la gracia de Dios, Cristo habría regresado hace mucho tiempo, y esta terrible pesadilla que llamamos historia habría terminado. Cristo ahora estaría reinando hasta los confines de la tierra, y nadie sería malvado o pecador. Desde el amanecer hasta el anochecer y desde el anochecer hasta el amanecer, no existiría el mal.

Entonces, ¿a qué se refiere Pablo aquí? Se refiere a que ha habido una brillante epifanía. Como un sol poderoso en los cielos, la gracia de Dios brilla sobre la persona de Jesucristo, nuestro Señor, manifestando su amor, compasión y misericordia, y su voluntad de morir por sus enemigos.

Esta gracia brillante trae salvación, y esa salvación es para que los hombres y las mujeres en cualquier lugar la reciban. Eso es lo que significa este versículo.

LA GRACIA PLENA DE DIOS

La palabra *gracia* tiene al menos dos significados. Muchos la ven como un atributo o cualidad de Dios. Es el amor, la misericordia, la bondad y buena voluntad lo que lo predispone a ser siempre bueno con los que no lo merecen, a ser bueno con los que solo merecen juicio, y a volcarse por completo, a derramar de su amor e incluso a ofrecer la sangre de su propio Hijo para la salvación de los que solo se merecen el infierno. Esa es una cualidad de Dios y una característica de su corazón.

Soy consciente de que, cuando uso las palabras *cualidad* y *característica*, estoy humanizando a Dios. Pero sencillamente no podemos llegar a la altura desde la cual hablar sobre Dios en términos divinos. Tenemos que hablar de Él en términos humanos. De hecho, no existe algo como una cualidad de Dios o una característica de Dios. El ser de Dios tiene una unidad peculiar. Cualquier cosa que conjeture sobre Dios que no se encuentre en las Escrituras es simplemente nuestra mente, nuestro intelecto, atribuyéndole cosas, porque Dios habita en una luz en la que nadie puede entrar.

La gracia de Dios tiene otro significado, uno que conlleva una influencia divina sobre el corazón, una capacitación interior, una fuerza moral activa.

El apóstol Pablo en 2 Corintios 12 escribió que había estado orando para ser librado de un aguijón en su carne que le causaba gran angustia. Había orado tres veces por ello, y la tercera vez, el Señor dijo: [Pablo] *Bástate mi gracia; porque mi poder se perfecciona en la debilidad* (v. 9). Dios no estaba hablando sobre un atributo de gracia. Esta gracia es una fuerza activa y operativa que entra en el corazón de un hombre y hace cosas por él. Repito, Dios dijo: "Bástate mi gracia". Le estaba diciendo a

Pablo que esta influencia, este poder moral dentro de su pecho, podía elevarlo por encima del aguijón del que se estaba intentando deshacer. Pablo, al ser un hombre espiritualmente inteligente, respondió de inmediato: *Por tanto, de buena gana me gloriaré más bien en mis debilidades, para que repose sobre mí el poder de Cristo.* Él sabía que la gracia de Dios y el poder de Dios eran una misma cosa.

TODO ES POR GRACIA

Fue un momento bajo y doloroso en la historia del fundamentalismo cuando la palabra *gracia* perdió su segundo significado como poder divino que actúa dentro de nosotros.

La gracia de Dios, para la mayoría de la gente, se considera un atributo en Dios. Pero, en Tito 2:11-12, Pablo enseña que la gracia nos cambia, que la gracia de Dios ha aparecido *enseñándonos que, renunciando a la impiedad y a los deseos mundanos, vivamos en este siglo sobria, justa y piadosamente.*

¿Creo esto? Sin duda, con todo lo que hay en mí. Nadie puede cantar con una voz peor y un corazón más contento: "Sublime gracia del Señor, que a un infeliz salvó".

Todo lo que Dios ha hecho desde el comienzo de los tiempos es por gracia. Nada es por la ley; es todo por gracia. El salmista solía orar: *Respóndeme cuando clamo, oh Dios de mi justicia. Cuando estaba en angustia, tú me hiciste ensanchar; ten misericordia de mí, y oye mi oración* (Salmos 4:1). Él sabía que la disposición de Dios a oír la oración era la gracia de Dios actuando. Las mismas estrellas y el sol que tenemos sobre nosotros son la gracia de Dios actuando. Nadie merece nada de Dios. Él no le debe nada a nadie, y sin embargo da todo a todos; por lo tanto, nosotros le debemos toda la gratitud del mundo.

Todo es por gracia. Dios creó los cielos y la tierra por gracia. Cuando estableció los cimientos de la tierra, fue por gracia. Cuando le dio a la tierra el firmamento, fue por gracia. Cuando hizo al hombre del polvo de la tierra y sopló en él aliento de vida, fue por gracia. Todo lo que Dios ha hecho jamás ha sido por la bondad de su corazón. Si la gracia de Dios fuera solo un atributo dentro de Dios, nunca podría llegar hasta nosotros.

> **TODO LO QUE DIOS HA HECHO DESDE EL COMIENZO DE LOS TIEMPOS ES POR GRACIA.**

No, la gracia de Dios es más que eso. La gracia de Dios entra en el corazón humano, e incluso creo que los mismos ángeles del cielo están motivados por el amor y la gracia de Dios en sus corazones, aunque nunca lo entenderán tan bien como usted y yo.

No nos conformemos con guardar todas las cualidades de Dios en Dios. Sí, hay atributos de Dios que ninguna persona puede compartir. Por ejemplo, su autosuficiencia, su infinitud o su incomprensibilidad. Estos atributos le pertenecen a Dios, y Dios no puede compartirlos con las criaturas. Pero hay otros atributos que Dios *puede* compartir con sus criaturas, incluyendo bondad, amor, misericordia, gracia, amabilidad, sabiduría.

Si usted cree que la gracia le salva, pero no hay una obra correspondiente actuando dentro de su corazón hacia la santidad y la justicia, tengo que decirle honestamente que probablemente está en un error. Porque la gracia de Dios se recibe cuando una persona declara: "Acepto la salvación por la gracia de Dios a través de Jesucristo". Dios sonríe ante eso, y entonces comienza a trabajar dentro de la persona para producir las gracias de las que el Nuevo Testamento está repleto.

La gracia para buenas obras nos salva. La misma gracia mediante la que somos salvos ahora se convierte en una fuerza activa que obra en nuestro interior para hacernos puros, buenos y rectos.

Que Dios nos conceda que no nos perdamos esto. Confiemos en que nos salva por su gracia, y que la gracia actuará en nuestro interior para hacer de nosotros el tipo de cristianos que adornarán la doctrina de Jesucristo.

> LA MISMA GRACIA MEDIANTE LA QUE SOMOS SALVOS AHORA SE CONVIERTE EN UNA FUERZA ACTIVA QUE OBRA EN NUESTRO INTERIOR PARA HACERNOS PUROS, BUENOS Y RECTOS.

Que nuestra dedicación al servicio y ministerio cristiano nos motive a llevar la verdad completa a las personas a las que ministramos. Es la verdad completa de la gracia la que nos capacita para ser todo lo que Dios quiere que seamos.

Oh Señor Jesucristo, cómo te alabo por la gracia que me has provisto. La he aceptado, y le permito que actúe en mi vida para tu honor y tu gloria. No permitas que sea confundido por lo que no sé, sino que pueda gozarme en lo que sí sé por tu gracia. Amén.

14

NUESTRO VERDADERO VALOR PARA CRISTO

Aguardando la esperanza bienaventurada y la manifestación gloriosa de nuestro gran Dios y Salvador Jesucristo, quien se dio a sí mismo por nosotros para redimirnos de toda iniquidad y purificar para sí un pueblo propio, celoso de buenas obras.
—Tito 2:13-14

Un aspecto fundamental de nuestro liderazgo espiritual es entender el valor que Cristo atribuye a su pueblo. Cuando empecemos a entender cómo piensa Él de nosotros, eso cambiará cómo pensamos de la gente a la que lideramos y ministramos.

Usted puede saber cuán precioso es algo para un hombre o una mujer por cuánto están dispuestos a pagar por ello. Cuando Pablo dice que Cristo se entregó por nosotros, conocemos cuán queridos somos y éramos para Cristo. Utilizo ambos tiempos verbales aquí porque Jesucristo, siendo Dios, personifica en sí mismo todos los tiempos verbales que existen.

Mejor aún, Él no tiene tiempo verbal. La Biblia enseña: *Jesucristo es el mismo ayer, y hoy, y por los siglos* (Hebreos 13:8). Sin embargo, no habla de *su* ayer, hoy, y por los siglos, sino que habla del nuestro. Usted y yo tenemos nuestros días pasados (nuestro ayer), pero incluso para los más mayores, es comparativamente un "ayer" no muy largo. Después tenemos el hoy, que se aleja de nosotros rápidamente. Y, finalmente, tenemos un mañana eterno. Por lo tanto, todo junto —nuestro ayer, hoy, y mañana— son válidos.

Cuando intentamos aplicar un tiempo similar a Dios en Cristo, invalidamos su significado, porque no podemos decir que Dios era. Sin duda, todo lo que nuestro Señor es, lo que alguna vez fue, y todo lo que siempre será, Él siempre lo será. *Porque yo Jehová no cambio*, dice en Malaquías 3:6.

Por lo tanto, cuando decimos cuán preciosos fuimos para Jesús, nos referimos a qué preciosos *somos* para Jesús. Y, cuando decimos cuán preciosos somos para Jesús, nos referimos a cuán preciosos seremos siempre para Jesús.

EL PRECIO QUE PAGÓ CRISTO

A lo largo de toda la Biblia, tanto en el Antiguo como en el Nuevo Testamento, se encuentra la redención. La redención conlleva dolor, dar valor para valorar, pagar un precio por algo precioso.

Nuestro Cristo Jesús pagó un gran precio para que pudiéramos ser redimidos. *El cual, siendo en forma de Dios, no estimó el ser igual a Dios como cosa a que aferrarse, sino que se despojó a sí mismo, tomando forma de siervo, hecho semejante a los hombres* (Filipenses 2:6-7). Por un tiempo, Cristo se hizo menos que Dios, diciendo: "Tomaré la forma de un siervo". Antes, había estado en la posición de amo. Ahora estaba bajando a la posición de siervo.

¿Cuánto más pagarás por los hombres, oh Señor?

> **NUESTRO CRISTO JESÚS PAGÓ UN GRAN PRECIO PARA QUE PUDIÉRAMOS SER REDIMIDOS.**

Su respuesta no es difícil de imaginar: *Seré obediente hasta la muerte, como todos los hijos de los hombres son obedientes a sus pecados hasta la muerte. Por ellos, sin embargo, escogeré la peor muerte que se haya inventado jamás: en la cruz.*

Ese es el precio que nuestro Salvador pagó por nosotros.

SALVADOS DEL PECADO

Si alguna vez se ve tentado a subestimarse, sepa que nunca es bueno hacer eso. Si es usted arrogante y cree que vale para algo, eso también es erróneo. Si pasa por alto su pecado y se imagina que usted es bueno, eso es un error. Si tiene tendencia a compararse con otro y a ponerse por encima del otro, eso es un error. Deberíamos arrepentirnos de todos estos errores y cambiar, para que no se produzcan más en nuestra vida.

¿Por qué se entregó Cristo? La respuesta la tenemos en la siguiente frase de nuestro pasaje: *Para redimirnos de toda iniquidad* (Tito 2:14).

Nuestro problema era la iniquidad. Estábamos enredados en la iniquidad, y Él se entregó para redimirnos de toda iniquidad.

Observemos la preposición en esta frase: no "en", sino "de". Cristo salvará a su pueblo *de* sus pecados. Permítame repetir que cualquier interpretación del cristianismo del Nuevo Testamento que permita el pecado en la vida humana, es una falsa interpretación. Cualquier interpretación de misericordia, gracia o justificación por fe que permita cualquier tipo de pecado, externo o interno, vivir sin represión, sin olvidar, sin arrepentirse, es una farsa del evangelio de Cristo y no es el verdadero evangelio. Él se entregó, y el precio fue Él mismo, para poder redimirnos en pureza para Él.

La enfermedad profunda del mundo es la impureza. Con impureza me refiero a cualquier cosa que no sea propio de Dios.

La mala conducta sexual es una impureza, pero la conflictividad es otra.

Algunas personas, cuando usted dice: "Es una bonita mañana, ¿verdad?", ellos responden, "No, no lo es", y empiezan una discusión. Si les halaga, comenzarán a discutir. Sin importar lo que usted diga, son conflictivos. Viven en este mundo por la misericordia de personas que no son conflictivas. Se imaginan que son maravillosos, cuando son meros recipientes de una cantidad de paciencia casi infinita por parte de personas a las que les gustaría pisarles con fuerza, pero no lo hacen. Estas personas conflictivas son impuras.

Otras impurezas incluyen la glotonería y la pereza. La autoindulgencia es otra forma de impureza. El orgullo es otra forma. El egoísmo es otra, como lo son la autocompasión, el rencor y la mala educación. Solo he nombrado unos cuantos ejemplos, pero todo lo que no es de Dios es impuro.

Quizá usted es capaz de citar largos pasajes de las Escrituras, pero si el fuego del Espíritu Santo y la sangre del Cordero no le han purificado, es el más miserable y será rechazado de la presencia del Señor. No será por sus creencias tanto como por el estado de su corazón, aunque las creencias ciertamente necesitan ser purificadas.

LA NECESIDAD DE PURIFICACIÓN

Pablo dice en el versículo 14 de nuestro pasaje que Dios purifica "para sí un pueblo propio". La versión NVI dice un "pueblo elegido", y la versión King James (en inglés) usa "un pueblo peculiar". Esa palabra, *peculiar*, el enemigo la ha utilizado para poner a la iglesia cristiana la etiqueta de ser personas que hacen cosas extrañas, pero el sentido bíblico de la palabra no tiene conexión alguna con lo extraño, irracional, ridículo o necio.

Jesucristo es el ejemplo perfecto de esto. Él caminó entre los hombres con total racionalidad. Todo lo que hizo fue tan lógico, claro y sano como la luz del sol sobre la hierba en una mañana de junio. Jesús, nuestro Señor, fue el ejemplo perfecto de una mente balanceada y simétrica, y en perfecto ajuste con ella misma. Él nunca hizo, ni dijo nada, ni dejó nada sin decir que causara que alguien levantara una ceja o se preguntara si acaso Él no estaría en sus cabales.

En los días de Cristo, había personas que decían que Él tenía demonio dentro de sí porque sanaba a los enfermos en día de reposo. Lo mismo decían los que amaban más la ley que a los hombres, los que amaban el texto en lugar de a los niños, y los que preferían arrojar a la mujer pecadora al infierno antes que verla perdonada. Pero lea los cuatro Evangelios, y no verá ni una sola ocasión en la que Jesús hiciera o dijera nada que no fuera cabal y completamente normal y correcto.

Los que hacen cosas irracionales y ridículas en el nombre del Señor y después dicen con poca seriedad: "Soy un necio por causa de Cristo", se tienen que culpar a sí mismos. Solo podemos hacer por Cristo lo que Cristo nos dijo que hiciéramos. Usted no puede hacer lo que quiera y después arreglarlo diciendo: "Fue por causa de Cristo". Eso es ofrecer un cerdo sobre el altar del Señor, y el gran Dios todopoderoso súbitamente lo rechazará.

UN TESORO PECULIAR

Los cristianos no debemos ser extraños, al menos en el mal sentido de la palabra; pero somos llamados a ser peculiares: *Vosotros seréis mi especial tesoro sobre todos los pueblos* (Éxodo 19:5).

Mi hijo, por ejemplo, es peculiar porque me pertenece a mí. Yo soy su padre. El amor lo ha hecho mío de una forma que la lógica no puede explicar. Toda mamá sabe que su hija es la más brillante, todo papá sabe que su hijo es el más agudo, y todo abuelo sabe que su nieto es el más listo.

El Señor nos tiene como un tesoro peculiar, y Él está purificando para sí un pueblo como sus joyas especiales. Vemos esto en el Antiguo Testamento, donde Israel era peculiar y diferente pero no de una forma ridícula. Vemos esto en Daniel, quien no estuvo dispuesto a comer la carne de los babilonios. Él oraba varias veces al día y reconocía una lealtad mayor que la dada a los reyes babilonios, y mantuvo esa lealtad incluso cuando fue arrojado al foso de los leones.

En el Nuevo Testamento, los cristianos también fueron joyas especiales marcadas por Él para que fueran peculiares y distintos, pero no ridículos ni necios.

Ser un tesoro peculiar para Dios nos hace ser diferentes. Usted tiene una lealtad más alta, y reconoce el derecho de Dios a decirle cómo vivir. Las filosofías humanas van y vienen; las religiones van y vienen; los avivamientos artificiales van y vienen; las campañas de sanidad van y vienen; las nuevas ideas van y vienen; las ideas científicas van y vienen. Pero, todo el tiempo, los buenos cristianos tienen su enfoque en Dios, viviendo como

Cristo, haciendo la voluntad de Dios y reconociendo que su lealtad, en última instancia, le pertenece a Él. Todo esto nos hace ser diferentes, pero no nos hace ser necios. Nos hace ser rectos.

El pueblo peculiar de Dios canta en voz alta y da con generosidad. Son celosos de buenas obras. Oran mucho y trabajan aún más. La Biblia no sabe nada de cristianismo de sillón o de torre de marfil.

La iglesia puede silenciar las críticas con buenas obras, y de ninguna otra manera. Predique doctrina, e intentarán voltear las doctrinas en su contra. Cite versículos, y cuestionarán la traducción. Pero nadie puede argumentar contra la bondad y las buenas obras. Ni el diablo mismo lo intentaría, pues no es tonto. La piedad y las buenas obras cierran la boca de todos. Los críticos podrán sacarlo y colgarlo, pero le respetarán mientras usted muere.

Por lo tanto, aquí tenemos otro hermoso pasaje en Tito que no se puede deteriorar. Nuestro Salvador, Jesucristo, se entregó a sí mismo para redimir a un pueblo peculiar de toda iniquidad, y para purificarnos para sí mismo. Entonces Pablo añade estas palabras en el versículo 15: *Esto habla, y exhorta y reprende con toda autoridad. Nadie te menosprecie.*

NADIE PUEDE ARGUMENTAR CONTRA LA BONDAD Y LAS BUENAS OBRAS.

Gracias, oh Padre, por el amor que derramas en mi vida. Mi agradecimiento nunca puede superar el nivel de lo que tú mereces. Te alabo por todo lo que has hecho por mí. Ayúdame a entender cuánto me amas. Amén.

15

✝

LIDERE COMO CRISTO

LA PLENITUD DEL LIDERAZGO CRISTIANO

*Enseñándonos que, renunciando a la impiedad y a los deseos
mundanos, vivamos en este siglo sobria, justa y piadosamente.*
—Tito 2:12

Liderar como Cristo demanda que entendamos plenamente lo que significa ser un líder en el ámbito espiritual. No es un empleo, sino más bien un compromiso con Cristo. Y el camino hacia este tipo de liderazgo es una rendición y sacrificio absolutos a Jesucristo.

Demasiadas personas piensan que lo único que se necesita para ser un líder espiritual es estudiar mucho, pasar un examen, conseguir credenciales y comenzar el camino. Esa quizá sea la idea estadounidense de lo que es el ministerio, pero no es la idea bíblica.

Si la gracia de Dios le ha alcanzado, le ha enseñado mediante un impulso interno. Lo primero que enseña es negación. Es decir, nos enseña a abandonar, renunciar y repudiar. Y hay dos cosas que se mencionan en Tito 2:12 a las que hay que renunciar: la impiedad y los deseos mundanos. *Impiedad* significa, por supuesto, "irreverencia y todo lo que no sea de Dios". Cualquier cosa en la que Dios no está es impía.

Los preceptos de la gracia nos enseñan a negar todo lo que sea impío, incluyendo lo que se acepta en muchas de nuestras escuelas. Pasamos gran parte de nuestro tiempo en manos de paganos. Comenzamos en las clases de preescolar con pinturas de dedos, y terminamos con una licenciatura de alguna universidad donde el nombre de Dios es tan bien recibido como lo sería el nombre de Hitler en una sinagoga judía.

Se necesita cierta cantidad de agallas para negar lo que todos los demás afirman y para afirmar lo que todos los demás niegan. Cualquiera que piense que un cristiano es un debilucho, nunca ha sido cristiano ni ha pasado mucho tiempo cerca de cristianos.

Cualquier pez muerto o agonizante puede voltearse y flotar panza arriba en el arroyo, pero un salmón remontará cataratas tan altas como un edificio. Para el cristiano, la gracia de Dios y la Palabra de Dios se unen para enseñarnos que tenemos que negar la impiedad y renunciar a ella para siempre.

> SE NECESITA CIERTA CANTIDAD DE AGALLAS PARA NEGAR LO QUE TODOS LOS DEMÁS AFIRMAN Y PARA AFIRMAR LO QUE TODOS LOS DEMÁS NIEGAN.

Hoy día, las celebridades se han convertido en los santos y los profetas de nuestro tiempo, y algunos practican cosas impías. El hecho de que personas muy reconocidas las practiquen no mitiga en modo alguno la impiedad. Siguen siendo cosas impías, y tenemos que renunciar a la impiedad.

El cristiano debe renunciar incluso a la impiedad que se encuentra en la literatura clásica y el arte. Sigue siendo sucia si es sucia, y sigue siendo impía si es impía. No es mejor porque esté envuelta en el arte clásico. Vaya a un instituto de arte y encontrará algunas cosas allí que Dios no aprueba. Todo cristiano necesita agallas suficientes para que lo miren con desdén por repudiar tales cosas.

Si esto suena severo, recuerde lo que dijo Jesús: *Y si tu mano derecha te es ocasión de caer, córtala, y échala de ti; pues mejor te es que se pierda uno de tus miembros, y no que todo tu cuerpo sea echado al infierno* (Mateo 5:30). Es mejor ir al cielo con solo un ojo y una sola mano, que ir al infierno con las dos.

NEGAR EL DESEO

Lo segundo a lo que Pablo nos enseña a renunciar es a los deseos mundanos. Habló sobre el peligro del deseo también en 2 Timoteo 4:2-4:

> *Que prediques la palabra; que instes a tiempo y fuera de tiempo; redarguye, reprende, exhorta con toda paciencia y doctrina. Porque vendrá tiempo cuando no sufrirán la sana doctrina, sino que teniendo comezón de oír, se amontonarán maestros conforme a sus propias concupiscencias, y apartarán de la verdad el oído y se volverán a las fábulas.*

La palabra *deseos* significa "lujuria, placer, anhelos de placer". La palabra aparece a menudo en el Nuevo Testamento junto a adjetivos, como deseos necios, deseos dañinos, deseos carnales, deseos impíos, deseos antiguos, deseos juveniles, deseo en nuestra ignorancia y deseo que entra en guerra con nuestros miembros.

Los deseos son algo natural en el hombre caído. Por supuesto, los psicólogos, sociólogos, escritores, consejeros matrimoniales y consultores los defienden y excusan porque son naturales. El cristiano, sin embargo, es enseñado por el Espíritu en su corazón y en las páginas de la Biblia a renunciar a los deseos mundanos.

Cuando lee un libro que excusa los deseos mundanos, lo cierra y se aleja porque ha sido enseñado internamente y mediante el Libro de Dios a hacerlo.

Dios nunca nos llama a habitar en un vacío, a una vida de estéril negatividad, de no hacer cosas, a no ser impío, no ser lujurioso, no ser incrédulo. Él nos llama a alejarnos de esas cosas para acercarnos a otra cosa. Nos saca para poder acercarnos.

UNA VIDA TRIDIMENSIONAL

Y ahora, ¿cómo deberíamos vivir? Bueno, gracias a Dios por esa palabra excelente y positiva: *vivir*. En este versículo, Pablo enseña que tenemos que vivir una vida tridimensional de sobriedad, justicia y piedad.

Sobriedad, que significa "templanza y dominio propio", tiene que ver con nuestra relación con nosotros mismos. Una persona que no se puede controlar no le va a dar mucha importancia a un cristiano. La sobriedad, el autocontrol, la templanza y el dominio propio están todos ellos relacionados con esta dimensión de la vida cristiana.

Después está la justicia, su actitud hacia los demás. El Espíritu nos enseña tanto en la Palabra como en el corazón que debemos vivir justamente con los demás. No engañamos a los demás. No robamos a los demás. No mentimos a los demás. No criticamos a los demás para hacerles daño.

Finalmente está la piedad, que está marcada por la fe, la reverencia y el amor. La enumero aquí como la tercera dimensión, pero nuestra actitud hacia Dios realmente viene primero como cristianos. Dios es lo primero, lo siguiente es mi prójimo, y yo soy el último. Así es como debe ser en la vida cristiana.

Los hombres y las mujeres que no renuncian a la impiedad y los deseos mundanos están confundidos. Quizá se unan a una iglesia, pero no pueden tener piedad si no renuncian a los deseos mundanos. Quizá se unan a una iglesia, pero no tienen sobriedad, templanza o dominio propio. Si no tienen piedad y sobriedad, ¿cómo van a tener justicia?

UNA VIDA RADICAL

Hay personas hoy que viven en deseos mundanos y en una pecaminosa autoindulgencia, que menosprecian a los puritanos de antaño y a los hombres de Dios que solían decir: "Hagamos el bien aunque se caigan los cielos". Los padres de la iglesia y otros muchos tuvieron creencias extremas y radicales. Lot fue un radical en Sodoma; Noé fue un radical antes del diluvio; Daniel era un radical en Babilonia; Martín Lutero era un radical en Alemania; Juan Wesley era un radical en la podrida sociedad de Inglaterra. A ellos se les consideraba radicales, pero eran sobrios, estaban llenos del Espíritu y se controlaban.

Alguien dijo una vez: "Qué vida tan fría y descolorida al ser sobrio, justo y piadoso". Esa persona estaba equivocada.

Ellos quieren que creamos que los guapos de Hollywood son superiores a nuestros padres, cuya mente era seria, y de los que ahora se burlan. ¿Quiere usted aumentar su fe y recibir ayuda en su corazón? Vaya a Plymouth, donde llegaron nuestros padres, y lea sus epitafios. No olvide que esta nación fue tallada por hombres que reverenciaban a Dios, que sentían un gran afecto por su prójimo y que tenían dominio propio.

Nuestros hospitales fueron fundados en su mayoría por este tipo de personas. La palabra misma, *hospital*, nace de un contexto religioso. Casi cada alivio del sufrimiento humano conocido en la sociedad moderna surgió de personas sobrias, justas y piadosas. Cuando el corazón humano es libre y la mente humana se desboca, tenemos bombas atómicas, bombas de hidrógeno, guerra bacteriológica y destrucción de ciudades.

Permítame decir con claridad que el Espíritu Santo no nos llama a sentarnos solemnemente como un búho durante el día, mirando fijamente hacia delante y esperando que llegue el final. El Señor nos está llamando a vivir, y hacerlo de forma sobria y justa. La palabra *justo* no es negativa; es una palabra explosiva, dinámica, positiva. El hombre que decide vivir como justo en este mundo injusto tendrá un trabajo a jornada completa. ¿Siente que no tiene nada que hacer? Viva como justo en un mundo injusto y tendrá algo que hacer.

Pablo nos llama a renunciar, pero ¿renunciar a qué? Renuncie a sus cadenas y tome toda la libertad infinita e ilimitada de Dios. Renuncie a su oscuridad y tome toda la luz brillante de Dios.

Piense en lo que escribió el gran reformador William Cowper en su poema *Canción de misericordia y juicio*: "Dulce el sonido de la gracia divina; dulce, la gracia que me hace suyo". La gracia de Dios nos enseña a ser personas buenas, personas amorosas, personas generosas y amables, personas temerosas de Dios, y personas con templanza, dominio propio y sobriedad.

RENUNCIE A SUS CADENAS Y TOME TODA LA LIBERTAD INFINITA E ILIMITADA DE DIOS.

Es mi dulce deleite, oh Dios, vivir una vida de piedad mediante el poder del Espíritu Santo. Diariamente, mientras camino hacia esas puertas celestiales, me gozo en la gracia y fortaleza que me das para renunciar a todo lo que haya en mi vida que sea contrario a ti y a tu naturaleza. Amén.

16

LIDERE COMO CRISTO
CÓMO NOS VE DIOS

Porque nosotros también éramos en otro tiempo insensatos,
rebeldes, extraviados, esclavos de concupiscencias y
deleites diversos, viviendo en malicia y envidia, aborrecibles,
y aborreciéndonos unos a otros.
Pero cuando se manifestó la bondad de Dios nuestro Salvador,
y su amor para con los hombres...
—Tito 3:3-4

Un aspecto importante del liderazgo liderado por Cristo es entendernos a nosotros mismos desde la perspectiva de Dios. El siguiente paso es entender cómo ve Dios a las personas a las que ministramos. Si no podemos comprender esa perspectiva dual, sin duda no lideraremos como Cristo.

Demasiadas veces, los líderes espirituales se ven a sí mismos y a las personas a las que ministran con los ojos de la cultura en la que viven, lo que pone en un serio compromiso el tipo de liderazgo necesario en la actualidad.

Informado por el Espíritu Santo, Pablo nos da una panorámica de nuestro estado en esta sección de las Escrituras. Tito 3:3 es como sumergirnos en agua helada: *Porque nosotros también éramos en otro tiempo insensatos, rebeldes, extraviados, esclavos de concupiscencias y deleites diversos, viviendo en malicia y envidia, aborrecibles, y aborreciéndonos unos a otros.* Y Tito 3:4 es como meternos en agradable agua templada: *Pero cuando se manifestó la bondad de Dios nuestro Salvador, y su amor para con los hombres...*

Puede que no nos guste el versículo 3, pero si no lo aceptamos, no podemos tener el versículo 4.

Pocos son lo bastante humildes para leer Tito 3:3 y decir: "Ese soy yo". Un hombre podría decir: "Esa es mi esposa". Una esposa podría decir: "Ese es mi esposo". Un hijo podría decir: "Esa es mi mamá". Porque siempre tenemos a otra persona en mente cuando se trata de cosas como estas. Le diré francamente que yo tampoco pienso que el versículo 3 se aplica a mí por naturaleza; pero la persona más agradable y buena debe aceptar el versículo como un facsímil razonable de su propia fotografía: insensato, rebelde, extraviado, esclavo de concupiscencias y deleites diversos, viviendo en malicia y envidioso, aborrecible. Esa es la descripción que el Espíritu Santo hace de nosotros, y si no creemos que somos tan malos como Él dice que somos, no podemos creer que Él es tan bueno como dice que es.

Después, en el versículo 4, llega una palabra breve y gloriosa que tiene una amplia variedad de significados, la sencilla palabra *pero*.

Pero cuando se manifestó la bondad de Dios nuestro Salvador, y su amor para con los hombres…   (Tito 3:4)

Pero es una de las palabras más poderosas en toda la Biblia, porque a menudo señala arrepentimiento, rescate, liberación o salvación. Y, en este pasaje, hay mil cosas entre el versículo 3 y el poder rescatador de Dios en el versículo 4.

LA BONDAD DE DIOS

No estoy seguro de saber demasiado acerca de la vida futura, ya que conozco muy poco acerca de esta vida. Por lo tanto, soy muy cauto a la hora de describir escenas celestiales. También soy muy cauto acerca de citar a Dios a menos que cite las Escrituras. Aun así, imagine entrar en la Ciudad Celestial y ver caminando hacia usted a un hombre al que reconoce, porque la personalidad persiste en el mundo venidero. No se vea a usted mismo en el cielo como un fantasma o un zombi. Usted será usted, solo que glorificado. Usted será reconocible, y traerá a su memoria cosas que sucedieron aquí abajo, igual que hizo Jesús después de regresar del sepulcro y recordar lo que les había dicho mientras aún estaba con ellos antes de su crucifixión. Usted recuerda la última vez que vio a ese hombre que ahora se aproxima; estaba completamente borracho. Hay pequeñas brechas en su historia que usted no conoce, pero creía que él había vivido y muerto en ese estado.

"¿Está usted aquí?", le pregunta.

"Sí", dice él con una sonrisa antes de darle un apretón de manos.

"Pero ¿cómo llegó aquí? La última vez que lo vi, usted apenas si podía mantenerse en pie. Era un alcohólico sin esperanza. Todos los guardias y policías en el estado de Illinois lo conocían. Y ahora está aquí. ¿Cómo lo justifica?".

"Sí", responde él con otra sonrisa, "pero cuando se manifestó la bondad de Dios nuestro Salvador, y su amor para conmigo, algo sucedió".

Cuando Cristo estaba en la cruz, ¿no supone usted que muchas personas que allí estaban no lo conocían como el Salvador? Pero más adelante, después de escuchar el evangelio, es fácil imaginar que cientos de romanos se convirtieron en creyentes.

Yo imagino que, en el cielo, muchos romanos se acercaron al ladrón arrepentido y le preguntaron: "¿Estás aquí? Recuerdo cuando te crucificaron por insurrección, robo y todo tipo de pecados".

Y el ladrón admitirá: "Yo era todo eso que dices, y fui culpable de cosas que la ley nunca supo. Yo era mucho peor de lo que cualquiera aquí conoce. Solamente Dios sabía cuán malo era yo, pero la bondad y el amor de mi Salvador se manifestó a mí, y mediante una ráfaga de intuición espiritual lo reconocí cuando Él moría allí entre nosotros dos. Le dije: 'Señor, acuérdate de mí', y Él me respondió: 'Hoy estarás conmigo en el paraíso'".

Habrá algunas personas en el cielo que nosotros nunca pensamos que estarían. Llegarán allí de la única manera posible, y no sabremos cómo sucedió porque les perdimos la pista.

No hay nada asombroso en la afirmación "se manifestó la bondad de Dios nuestro Salvador, y su amor para con los hombres", porque sabemos que es cierta. Si yo dijera: "El océano es vasto", nadie se extrañaría. Si dijera: "La lluvia que cae del cielo está mojada", nadie respondería. Se maravillarían de que yo afirmé lo obvio. Si dijera que el sol es brillante, nadie diría nada.

Por lo tanto, cuando hablo de la bondad y el amor de Dios, ningún cristiano se extrañará de eso, pues lo hemos oído toda la vida. Eso no asombra, porque es la clase de Dios que Él es.

A propósito, por eso la incredulidad es tan errónea, pues se niega a creer que Dios es el tipo de Dios que es. Cuando los creyentes hablan de la bondad y el amor de Dios, nuestro Salvador, no hay nada que provoque la atención porque sabemos que Dios es bueno y que es amor. Eso es lo que esperamos.

Uno esperaría que una mamá amorosa y tierna se levante en mitad de la noche y cuide de su bebé. Por lo tanto, cuando la señora Fernández se levanta a las 2 de la mañana y le da de comer a su bebé, nadie correría a darle una medalla. Esa es simplemente su manera de ser.

Conocemos la bondad y el amor de Dios, pero la frase continúa diciendo "para con los hombres". ¿Qué tipo de hombres? ¿Por qué la bondad y el amor de nuestro Salvador se manifiestan a un hombre necio, a un hombre desobediente, a un hombre engañado, esclavizado, a un hombre que busca el placer, que vive en malicia, que es envidioso y aborrecible?

Por eso el amor de Dios se volteó de repente y fluyó en toda su plenitud hacia aquel ladrón en la cruz. Por eso tenemos himnos tan grandiosos como *Sublime gracia*. ¿Qué fue lo que asombró a ese hombre? ¿Que Dios mostrara gracia? No. La maravilla reside en que el amor bueno y misericordioso de Dios se dirija a una persona tan rebelde, necia, desobediente, extraviada, esclava, envidiosa y aborrecible como soy yo.

Por eso los escritores de himnos todavía nos escuchan cantar del maravilloso amor de Dios hacia los hombres.

¿POR QUÉ NOS AMA DIOS?

David preguntó al Señor: *¿Qué es el hombre, para que tengas de él memoria, y el hijo del hombre, para que lo visites?* (Salmos 8:4).

Algunos eruditos nos dicen que *memoria* significa "un dispositivo en la mente". Por lo tanto, la única excentricidad de nuestro Dios grande y perfecto es que ama a la humanidad con un dispositivo del que no puede escapar. No puede sacudírselo. Incluso que nos aborrezcamos los unos a los otros no ha desalentado a Dios, ni ha cambiado en lo más mínimo lo que Él piensa de nosotros.

Por lo tanto, ¿por qué nos ama Dios? Yo sugeriría tres ideas que podrían ayudarnos intelectualmente, más que en lo espiritual.

La primera razón es que Dios es amor y solamente hace lo que es natural para Él. Decimos que es natural para el sol brillar. Es natural para las aves volar y para los peces nadar. Es natural amar para el que es amor. Por lo tanto, decimos que Dios nos ama porque eso es lo natural que Él hace.

> **LA ÚNICA EXCENTRICIDAD DE NUESTRO DIOS GRANDE Y PERFECTO ES QUE AMA A LA HUMANIDAD CON UN DISPOSITIVO DEL QUE NO PUEDE ESCAPAR.**

La segunda razón por la que Dios nos ama es que somos sus criaturas, y Él se agrada con todo lo que creó. Cuando entró el pecado y lo arruinó, Dios comenzó de nuevo para renovarlo, pero nos sigue amando. Aparte del pecado, somos parte de su creación.

Hay una tercera razón: somos creados a su imagen. Pero no lo digo como afirmación, sino más bien como una pregunta. ¿Podría ser que el gran Dios que se ama a sí mismo sin pecado, y que perfectamente vea los fragmentos harapientos de su propia imagen en el hombre caído, se ame a sí mismo en el hombre, tanto que busque redimirlo porque ese hombre tiene aire de familia?

Ahora bien, no se quede pensando que estoy seguro acerca de esta tercera razón. Es una pregunta: me pregunto si Dios se ama a sí mismo en nosotros. Pero, aun así, debemos nacer de nuevo para ser salvos, pues Pablo escribió:

> *Nos salvó, no por obras de justicia que nosotros hubiéramos hecho, sino por su misericordia, por el lavamiento de la regeneración y por la renovación en el Espíritu Santo, el cual derramó en nosotros abundantemente por Jesucristo nuestro Salvador, para que justificados por su gracia, viniésemos a ser herederos conforme a la esperanza de la vida eterna.*
>
> (Tito 3:5-7)

Observemos que hemos sido hechos herederos, lo que significa que heredamos todo lo que Dios tiene. Si le resulta difícil creer que es usted un heredero de Dios, es porque no se ve a sí mismo en el versículo 3: alguien que está entre los *insensatos, rebeldes, extraviados, esclavos de concupiscencias y deleites diversos, viviendo en malicia y envidia, aborrecibles, y aborreciéndonos unos a otros.*

Si no cree que usted es tan malo como muestra esa descripción, nunca creerá que es plenamente solvente como receptor de la gracia, porque psicológicamente no es posible. Si se resiste a Dios y no confiesa su maldad, su naturaleza no le permitirá aceptar todas las promesas acerca de cuán bueno es Dios con usted. Debe ver cuán malo es usted para ver cuán bueno es Dios y cuán maravillosa es su gracia.

Para entender lo que significa ser heredero de Dios, imagine a un niño pequeño que ha vivido en los barrios bajos de una gran ciudad, como Nueva York quizá. Tiene ocho o diez años, y ha vivido entre latas de cenizas en callejones, durmiendo en esquinas y esquivando a policías tras robar fruta en algunas tiendas. Nunca ha tenido una camisa, unos pantalones o zapatos nuevos en su vida.

De repente, alguien pasa por allí y lo adopta sacándolo de la calle. Es uno de los hombres más ricos del país, y tiene yates y grandes autos donde viajar. Le decimos al muchacho: "¿Sabes qué? Eres un heredero. Este hombre te ha adoptado, y ahora tienes ranchos en Arizona y Canadá, y grandes bienes raíces en toda la costa de Florida. Todo es tuyo, sin mencionar el dinero en el banco". Sin embargo, el pequeño no puede entenderlo, y lo cambiaría todo por un dulce.

Dios no nos culpa por pensar de modo parecido. Estamos acostumbrados a encerrar todo con candado, cerrar nuestra puerta y preguntarnos con nerviosismo: "¿Lo cerré con candado?". Estamos acostumbrados a vivir en los "barrios bajos" del universo. Entonces, de repente, alguien nos lanza un cubo de agua fría y dice: "Eres un heredero de Dios". Meneamos nuestra cabeza y decimos: "Bueno, estoy dispuesto a creerlo, pero no tengo la más mínima idea de lo que está diciendo".

Lea su Biblia, estúdiela, ore, y siga aprendiendo para pensar del modo en que Dios piensa. Quizá algún día conocerá un poco. Si no lo conoce ahora, lo conocerá en el cielo. Somos herederos de Dios conforme a la esperanza de la vida eterna.

La dinámica de mi ministerio espiritual es entender cómo me ve Dios y cómo ve también el mundo que me rodea. En mi liderazgo, traspaso esta pasión por la visión de Dios a las personas a las que ministro.

Amado Padre celestial, me gozo en ti, aunque no entienda todo lo que hay en ti. No puedo comprender que, siendo quien soy, tú me amaras. No lo entiendo, pero acepto tu amor y anhelo que me transformes a tu imagen. Amén.

17

EL SIERVO CENTRADO EN CRISTO

Palabra fiel es esta, y en estas cosas quiero que insistas con firmeza, para que los que creen en Dios procuren ocuparse en buenas obras. Estas cosas son buenas y útiles a los hombres.
—Tito 3:8

Si como líderes espirituales hemos de ser "útiles a los hombres", como dice Tito 3:8, necesitamos entender cuál es nuestra posición con Cristo. Hemos de ser siervos centrados en Cristo, lo que significa que todo lo que hacemos debería fluir de ese centro. Tenemos que lidiar con cualquier cosa en nuestra vida que ponga en un compromiso ese centro, y eliminarla inmediatamente.

Ser un siervo centrado en Cristo significa que tendremos bastante sufrimiento a lo largo del camino. No será fácil, y nada llegará de modo natural. Vendrá de la obra del Espíritu Santo fluyendo desde el centro de nuestra vida, que es Jesucristo.

Como mencionamos antes en este libro, Pablo enseñó a Tito y también a nosotros: *Tú habla lo que está de acuerdo con la sana doctrina* (2:1), seguido por las exhortaciones a las mujeres y los hombres ancianos, así como a los jóvenes. Pablo dijo que los ancianos deberían ser sobrios, reverentes y prudentes. De igual modo, las ancianas deberían ser reverentes. Dijo que las mujeres jóvenes deben ser prudentes, castas, cuidadoras de su casa y buenas. Los jóvenes han de ser prudentes e íntegros.

Quince versículos más adelante leemos: *Estas cosas son buenas y útiles a los hombres* (3:8).

¿QUÉ ES BUENO?

No es necesaria una lección de semántica, ni tampoco una lección de lengua, pero veamos la palabra *buenas*. Pablo escribe: "Estas cosas son buenas". La palabra *bueno* tiene una larga lista de significados en cualquier diccionario. Es una de esas palabras eficaces que se puede usar en cualquier momento porque significa muchas cosas. Aquí, la idea de moralidad no está presente. Cuando Pablo dice que estas cosas son buenas, no se refiere a las cosas que son moralmente buenas, virtuosas, o tan rectas como algo pueda ser. Aquí se refiere a que estas cosas son valiosas para nosotros. Son útiles y beneficiosas para nosotros. A eso se refiere con la palabra "buenas", que en griego se utiliza también en la parábola del sembrador: *Otra parte* [de la semilla] *cayó en buena tierra.*

"Buena tierra" no significa tierra que es moral o virtuosa. Un pedazo de tierra no puede ser moralmente bueno. Un terreno removido no puede ser virtuoso, pero puede ser útil y beneficioso.

Cuando un médico ve a un hombre enfermo y le dice: "Necesita seguir este tratamiento. No será agradable, pero será bueno para usted", eso es bueno. Es bueno en el sentido de que es útil y beneficioso para ese hombre.

Le decimos a un niño que tiene hambre: "Cómete esto. Será bueno para ti". El niño se lo come, nutriendo su pequeño cuerpo, y poco después sus ojos comienzan a brillar otra vez y regresa el color a su cara. La buena comida hace que el pequeño recupere la salud.

Le decimos a un joven inteligente: "Es bueno para ti que termines la secundaria". Más adelante, cuando pregunta: "Ahora que he terminado la secundaria, ¿qué debería hacer?", respondemos: "Bueno, eres inteligente. Creo que eres carne de universidad; será bueno para ti. Ve a la universidad y aprende". No nos referimos a que la universidad será un lugar moralmente bueno, aunque debería serlo. Queremos decir que, si estudia ciertas materias, le beneficiará.

Cuando las personas se nos acercan, no es inusual que esperen obtener un beneficio de ese encuentro. La persona que intenta vendernos algo no está pensando tanto en nosotros; espera que será bueno y beneficioso para él o ella.

Cuando nos elevemos a lo eterno, veremos cuán hermoso y solemne es todo, y entenderemos que las cosas buenas y útiles de cada día son de corto plazo. El hombre enfermo que recibió tratamiento y se recuperó, al final morirá. El niño con hambre que comió y recuperó su salud, también morirá después de un tiempo. El estudiante se debilitará y dejará de aprender tras la universidad. El beneficio es solamente para un tiempo.

BUENO Y ÚTIL PARA SIEMPRE

Cuando Dios se acerca a nosotros con una expectativa o un mandato, nunca llega diciendo: "Esto será bueno para mí". En cambio, dice: "Estas cosas que te digo son buenas y útiles para ti *para siempre*". Dios piensa siempre en términos de eternidad y de para siempre. ¿No es un pensamiento solemne y maravilloso que poseamos algo que el tiempo no puede desgastar?

Piense conmigo acerca del alma eterna de un cristiano. Consideremos su fe. ¿Qué es importante para él o ella? ¿Qué le afecta? Dios todopoderoso lo creó de un material totalmente diferente. Esa persona vive diferente; es de otra materia totalmente distinta. Dios dice esencialmente: "Te he dado lo que no puede marchitarse, no puede morir, ni puede verse". Dios hizo la tierra, creó al hombre sobre ella, y deseó de manera vigorosa y activa el bien de ese hombre.

Dios quiere el desarrollo pleno de mi alma, y hace los preparativos apropiados para que pueda tener comunión con Él para siempre. Él nos dice: *Esto es bueno y útil para ti*. Si conociéramos eso a profundidad, entenderíamos que la voluntad de Dios no es algo contra lo que luchar, sino algo que aceptar con gozo. Cambiaría nuestras vidas.

Cuando Dios hizo el Edén, plantó un huerto al oriente. Cuando se lo mostró al hombre, estoy seguro de que expresó: "Esto es bueno y útil para ti". Entonces Dios señaló a cierto fruto y dijo: "Todo esto que les rodea es para ustedes. Miren los frutos que cuelgan de todos estos árboles. Ese, sin embargo, no lo coman debido a mis motivos. Pero el resto del huerto es de ustedes; es bueno y útil para ustedes". Sin embargo, Adán y Eva desobedecieron y pecaron, y Dios los expulsó del huerto. ¿Por qué? Porque era bueno y útil para ellos no permanecer allí. Dios situó fuera al hombre y a la mujer donde pudieran ser maleables, donde pudieran cambiar, donde Él pudiera hacer que se volvieran de su estado pecaminoso hacia la santidad.

Sin duda, el hombre y la mujer lamentaron salir del huerto. John Milton, en su poema épico *El paraíso perdido*, los representó alejándose de la puerta del huerto, mirando pensativamente por encima de sus hombros a lo que antes había sido su hogar feliz, y entrando en el mundo. Pero fue bueno y útil para ellos que salieran. El camino de Dios es siempre este: "Esto es bueno y útil para ti; es beneficioso para ti".

Esto mismo fue cierto a lo largo de las Escrituras. Cuando Dios instituyó el sacrificio y la redención, dijo: "Sacrifiquen este animal, pongan la sangre sobre el altar y confiesen sus pecados, porque es bueno y útil para ustedes". Más adelante, cuando llegó el tiempo de que María tuviera su bebé y le pusiera por nombre Jesús, Dios anunció a todos: "Esto es bueno y útil para ustedes". Cuando el niño Jesús abrió su boca y enseñó en el templo, fue bueno y útil para los maestros. Y cuando murió en la cruz, si las personas hubieran tenido ojos para ver, podrían haber visto escrito con letras de fuego: "Esto es bueno y útil para ustedes".

Las poderosas mentiras del diablo son que Dios mira al hombre buscando encontrar fallas para castigarlo. El diablo presentó a Eva esa mentira sucia y escandalosa y consiguió que ella pecara, y les ha estado diciendo lo mismo a los hijos de Eva desde ese momento hasta ahora. "Ahí está Dios sentado en el trono, el gran abusón", dice el diablo. Nosotros somos débiles y tenemos un tiempo corto, y el diablo tiene la eternidad para hacer su parte y dirigir las mentes de las personas contra Dios. Pero olvida que Dios le dio libre albedrío al hombre y dijo: "Esto es bueno y útil para ustedes". Dios le dio el mundo al hombre y dijo: "Es bueno y útil para ustedes". Dios envió a su Hijo a morir, lo resucitó de la muerte, lo sentó a su diestra y dijo: "Esto es para beneficio de ustedes. Esto es por su bien". Ojalá pudiéramos recordar y saber que Dios siempre habla de nuestro bien y nuestro beneficio.

MEDIANTE TRISTEZAS Y TRIBULACIONES

El Señor en ocasiones pone un poco de presión sobre nosotros. Permite que lleguen tristeza, dolor, pérdida y tribulación, pero quiere que sepamos: "Esto es bueno para ustedes, y estoy pensando en su beneficio".

La idea moderna de que el cristianismo es un pícnic dominical masivo es totalmente errónea. La vida cristiana es razonablemente feliz. Y, si vivimos cerca de Dios, es una vida muy feliz; pero sigue siendo una vida vivida atravesando tristezas, dificultades, dolor y tribulación. Hemos de saber que las tristezas y la tribulación no son la voluntad más elevada de Dios, porque no habrá nada de eso en el cielo. En este mundo mezclado, sin embargo, estamos en un estado en el que esas cosas son necesarias.

¿Por qué es tan difícil lograr que las personas hagan lo que es bueno para ellas, y sin embargo es fácil lograr que hagan lo que es agradable, ya sea bueno para ellas o no? ¿Por qué cuando hay que decidir entre la carne y lo que es bueno para nosotros, escogemos lo carnal 97 veces de cada 100? ¿Por qué, cuando Dios nos da a elegir entre el presente y la eternidad, un número inmensamente grande de personas escoge el presente? ¿Por qué?

Yo creo que un enemigo ha hecho eso, y conozco su nombre. El diablo lo ha hecho; ese maligno que nos aborrece.

Porque somos personas totalmente caídas, casi todas las veces escogemos el placer del presente antes que los beneficios a largo plazo. Cuando hay que elegir entre Dios y la carne, casi todas las veces gana la carne y pierde Dios.

Solo de vez en cuando, Dios encuentra a alguien lo bastante valiente y lleno de la fe suficiente para dejar a un lado los beneficios a corto plazo y aceptar en cambio promesas de largo plazo. Moisés fue una de esas personas. Despreció la corte de Faraón a fin de reclamar las promesas de Dios de largo plazo. En Hebreos 11 veremos una larga lista de otras personas que rechazaron los beneficios a corto plazo y aceptaron la eternidad y el beneficio de largo plazo que Dios proporciona. Recordemos que Dios nos da opciones, y algunas veces dice: "Ahora, esto no parece ser tan bueno, pero es bueno y útil para ustedes". Aprendamos a tomar lo que es bueno para nosotros en lugar de lo que nos gusta. Aprendamos a sufrir y batallar en medio de ello.

Las personas hoy día sufren trágicamente y no obtienen ni una pizca de bendición de la situación. Para alentarse a sí mismo y también a otros, el gran pastor sudafricano Andrew Murray, mientras sufría dolor de espalda, escribió en una ocasión: "En tiempos difíciles di… Él hará de la prueba una bendición, enseñándome las lecciones que Él quiere que aprenda, y obrando en mí la gracia que quiere otorgarme".[4]

Hay personas que me hablan de sus tristezas y dificultades. Veo a muchos intentando escapar de sus angustias y esforzarse mucho. Es demasiado malo.

Ya sea que el mundo, la carne o el diablo haga una proposición, recuerde siempre que le causará placer por un tiempo corto. Puede que Dios envíe algo que no es tan agradable, pero es bueno y útil para usted a medida que pasa el tiempo. Aprenda a escoger el camino difícil si ese es el camino de Dios.

---

4. Andrew Murray, citado en "'In Time of Trouble Say' (Andrew Murray)" por Vance Christie, *VanceChristie.com*, 29 de agosto de 2015, http://vancechristie.com /2015/08/29/in-time-of -trouble-say-andrew-murray/.

Le recomiendo que se permita asimilar todo esto. Que estas verdades lo ablanden y preparen para la eternidad, porque irá allá uno de estos días. Irá allí por el camino fácil y carnal, tras haber vivido una vida evitando astutamente la cruz y escapando hábilmente de la tribulación. O irá allí como cristiano por el camino de la Ciudad Celestial, llevando puesta su armadura y con su espada y su arco bajo su brazo, preparado para enfrentar cualquier dragón, león o diablo que se interponga en el camino.

A pesar de lo que diga el diablo, recuerde siempre que lo que Dios le dice es bueno para usted. Si no le gusta lo que Dios le indica, hágalo igualmente y dele las gracias. No refunfuñe ni se queje, no vaya por la vida triste y melancólico. Dé gracias a Dios por todo, y diga:

Padre, esto no es particularmente agradable, pero lo disfrutaré de todos modos, sabiendo que tú lo enviaste y que es bueno y útil para mí. Amén.

18

NUESTRAS MOTIVACIONES REVELAN EL CARÁCTER DE CRISTO EN NOSOTROS

Pero evita las cuestiones necias, y genealogías, y contenciones, y discusiones acerca de la ley; porque son vanas y sin provecho. Al hombre que cause divisiones, después de una y otra amonestación deséchalo, sabiendo que el tal se ha pervertido, y peca y está condenado por su propio juicio.
—Tito 3:9-11

Es bastante deprimente que nos recuerden que las personas no se han enmendado a lo largo de la historia. Pablo escribió su carta a Tito hace aproximadamente 1900 años, y seguimos teniendo disputas necias acerca de asuntos espirituales. La naturaleza humana no ha cambiado.

En esta sección de Tito 3, Pablo habla también sobre evitar genealogías relacionadas con la ley. Nuestras mentes modernas tal vez no entienden la importancia de esto, pero los árboles genealógicos eran importantes para los líderes judíos porque las Escrituras enseñaban que el Mesías sería "el Hijo de David" (Mateo 22:42), un ancestro de Abraham. Ellos mantenían una página tras otra de genealogías, de modo que si un hombre afirmaba que era el Cristo, ellos podían consultar los registros y comprobar su historial familiar.

Pero conocemos a las personas religiosas; no pueden dejar las cosas como están.

Comenzaron a usar mal las genealogías, convirtiéndolas en un rompecabezas e inventando interpretaciones fantasiosas. En lugar de confiar en las Escrituras, buscaban un significado más profundo en: Abraham engendró a Isaac, Isaac engendró a Jacob, y Jacob engendró a José; y Pablo buscaba proteger a la iglesia de esas disputas necias.

UN CORAZÓN SINCERO

En Salmos 8:4 David pregunta al Señor: *¿Qué es el hombre, para que tengas de él memoria?* Mientras más estudio a la humanidad, leo la Palabra y oro, más me convenzo de que una cosa que todos necesitan para ser convertidos es la sinceridad. Incluso la persona más pecadora y corrupta, si decide ser sincera por cinco minutos en la presencia de Dios, puede ser liberada. No hay nada que la sangre de Jesucristo no pueda limpiar, nada que Dios no perdone.

La insinceridad es lo que maldice a la humanidad. Y las personas que entablan disputas y genealogías necias son simplemente insinceras. Un hombre puede tener una moralidad elevada, pero, si no es sincero, Dios no puede salvarlo. Sin embargo, si un hombre es sincero y mira a Jesucristo, puede ser convertido.

Esto se aplica a nuestro enfoque de las Escrituras. Nuestra motivación debe ser buscar con reverencia la voluntad de Dios, buscar la santidad de corazón y de vida, buscar conocer a Cristo profundamente, y aprender a instruir a otros para que hagan lo mismo.

NO HAY NADA QUE LA SANGRE DE JESUCRISTO NO PUEDA LIMPIAR, NADA QUE DIOS NO PERDONE.

Estas son las únicas razones para acudir a las Escrituras. Si acudo a las Escrituras para intentar encontrar el Sputnik, soy culpable de preguntas necias y poco provechosas, lo cual al final solo puede ser inútil. Pero si acudo a la Biblia con reverencia y oración para descubrir cómo puedo hacer la voluntad de Dios y ser santo, entonces Dios me honrará y me aceptará como un hombre sincero. Si no soy un hombre bueno, pero sí un hombre sincero, Él se pondrá a trabajar enseguida para hacerme ser bueno también.

Pablo habló además sobre genealogías y motivos sinceros en su carta a Timoteo:

> *Ni presten atención a fábulas y genealogías interminables, que acarrean disputas más bien que edificación de Dios que es por fe, así te encargo ahora. Pues el propósito de este mandamiento es el amor nacido de corazón limpio, y de buena conciencia, y de fe no fingida.*   (1 Timoteo 1:4-5)

El propósito de la Biblia, escribió Pablo, es amar con un corazón limpio, una buena conciencia, y una fe sincera, no fingida. Y él estaba decidido a no permitir que ni un pequeño truco de interpretación esclavizara a su gente. Quería que ellos fueran un pueblo santo.

Salmos 1:1-2 dice: *Bienaventurado el varón que no anduvo en consejo de malos, ni estuvo en camino de pecadores, ni en silla de escarnecedores se ha sentado; sino que en la ley de Jehová está su delicia, y en su ley medita de día y de noche.*

Hay maestros que dicen que algunos salmos son mesiánicos y que este salmo introductorio es una imagen de Jesucristo. Pero ¿sabe usted lo que hace la interpretación? Me libera instantáneamente de toda responsabilidad. No es asunto mío comprobar que no camine en el consejo de malos, ni esté en camino de pecadores, ni me siente en silla de escarnecedores. Soy libre de toda responsabilidad.

Después está 1 Corintios 13, ese capítulo maravilloso y a la vez terrible que me da más problemas que cualquier otro capítulo en toda la Biblia. Algunos maestros dicen que el versículo 1 es también una descripción de Jesús:

Si yo hablase lenguas humanas y angélicas, y no tengo amor, vengo a ser como metal que resuena, o címbalo que retiñe.

Si esto describe a Jesús, usted y yo no tenemos ninguna obligación al respecto. Pero 1 Corintios 13 nunca fue escrito como una descripción de Jesús. Muestra cómo deben amar los cristianos. Hasta que los cristianos hayamos hecho todo lo que sabemos hacer en oración, en entrega y en fe para tener este tipo de amor en nuestros corazones, simplemente hemos sido engañados por una interpretación errónea de este capítulo.

Imaginemos, por favor, a un hombre que tenga el don de lenguas y el don de profecía, que alimenta a los pobres y está dispuesto a entregar su cuerpo para ser quemado como mártir. Puede hacer todo eso y aun así tener un mal motivo y nada de amor, y no le valdrá de nada. El modo fácil para poder librarnos de esta responsabilidad es hacer que se refiera a Jesucristo.

No quiero ser abusivo. Quiero ser amable. Predico sobre esto porque creo que estos versículos en el Salmo 1 y 1 Corintios 13 son también para mí. Voy a esforzarme y a orar para que estos pasajes me describan a mí al igual que describen a Jesucristo nuestro Señor.

LIDIAR CON OTROS

Pablo dice en Tito 3:10: *Al hombre que cause divisiones, después de una y otra amonestación deséchalo.* En la Reina-Valera Antigua, el hombre se describe como hereje.

Tal como se entiende en nuestra época, un hereje es un falso maestro, que no enseña la verdad. Escogiendo ciertas cosas en las Escrituras, construye y enseña un cuerpo de falsedad. Pero eso no es lo que significaba la palabra *hereje* cuando Pablo la utilizó. En griego, la palabra *hereje* significa alguien que, por alguna razón, se siente resentido y ofendido, que tiene sentimientos heridos, que a veces reúne a algunos descontentos a su alrededor y forma un pequeño grupo de rebeldes tranquilos que no siguen al grupo o a otros cristianos. Personas como estas no son falsos maestros. Causan divisiones, causan problemas y son críticos injuriosos.

El verbo *desechar* aquí significa prohibir o evitar y, como dice el texto, no debería producirse hasta después de una primera y una segunda amonestación. No desechamos inmediatamente a un hombre que causa división. Lo amonestamos una primera vez, quizá una segunda, y si no cambia su conducta, entonces lo desechamos. Esto está en armonía con las palabras de Jesús en Mateo 18:15-17, donde dice que si alguien peca contra ti, pero no escucha tu amonestación, deberías acudir de nuevo a la persona con alguien más, y después presentarlo ante la iglesia si es necesario, y si la persona se sigue negando a escuchar, "tenle por gentil y publicano".

Tito 3:14 dice: *Y aprendan también los nuestros a ocuparse en buenas obras para los casos de necesidad, para que no sean sin fruto.* Pablo no podía soportar la ociosidad o la irresponsabilidad. No podía soportar la pereza o la falta de fruto. Imagino que, cuando Pablo veía un árbol que no tenía fruto, su corazón se dolía. Quería que ese árbol tuviera fruto. De igual modo, cuando Pablo se encontraba con un cristiano que solo jugueteaba con sus propios dedos, Pablo se sentaría de inmediato y escribiría una epístola firme, diciendo: "Levántate, muévete, ponte a trabajar. Que la Palabra de Dios te ponga en movimiento. No te quedes sentado en una torre de marfil siendo un cristiano en tu cabeza. Ponte a trabajar y sé útil".

EL TESTIMONIO EN NUESTRO INTERIOR

En el clásico de Juan Bunyan, *El progreso del peregrino*, Esperanza, Cristiano y otros peregrinos tienen que cruzar un río. Cuando Cristiano casi se hunde, Esperanza básicamente dice: "Encontré un banco de arena, vamos", y lo saca a terreno firme. Poco después, llegan al otro lado del río donde hay una gran puerta de entrada a la Ciudad Celestial.

Después de que Cristiano y Esperanza son invitados a la ciudad, llama a la puerta un peregrino vanidoso y engreído llamado Ignorancia, que se había quedado atrás del grupo, y dice: "Abran, estoy aquí".

"¿Dónde está tu certificado, tus credenciales?", pregunta un anciano en la puerta.

"¿Qué? No tengo".

"Bien, entonces. Irás abajo".

Y con eso, Bunyan concluye su gran libro con estas horribles palabras: "Entonces vi que había un camino al infierno, incluso desde la puerta del cielo".

Muchas personas viajan por el camino ancho cristiano, pero no tienen en su corazón las credenciales de un creyente verdadero. Solo creen que lo son, y cuando termine esta vida terrenal se encontrarán pasando de la puerta del cielo al infierno.

No dé por sentado su testimonio. Si en su corazón hay sinceridad, humildad y fe, Dios levantará un muro alrededor de usted y enviará a sus ángeles para que le guarden. Pero, en cuanto usted comience a dar por sentada su fe, tenga cuidado. Compruebe que Dios le ha aceptado y que tiene el testimonio de Él en su interior. Viva teniendo en mente las últimas palabras de Pablo a Tito: *La gracia sea con todos vosotros. Amén.*

Al recorrer mi viaje, Dios, te miro a ti para encontrar mi motivación, y confío en ti para tener mis credenciales para servirte hasta que entre en esa Ciudad Celestial. Amén.

19

✝

LIDERE COMO CRISTO
ENFRENTAR LA GUERRA ESPIRITUAL

Jesús les dijo: Por vuestra poca fe; porque de cierto os digo, que si tuviereis fe como un grano de mostaza, diréis a este monte: Pásate de aquí allá, y se pasará; y nada os será imposible. Pero este género no sale sino con oración y ayuno.
—Mateo 17:20-21

Un tema que aún no he expuesto en este libro es el de la guerra espiritual. Dejaré a un lado el libro de Tito para enfocarme en lo que dijo Jesús acerca de la guerra espiritual. Si leemos los Evangelios y seguimos el ministerio de Jesús, es difícil no ver cuánta guerra espiritual enfrentó Él.

La guerra espiritual es una parte significativa del liderazgo en la actualidad; sin embargo, demasiadas veces se ignora, o se enfatiza en exceso. Y, cuando las personas se enfocan en una sola cosa excluyendo todo lo demás, se produce la herejía.

Detrás de la guerra espiritual está el diablo. Veamos el siguiente escenario en el libro de Lucas.

Jesús, lleno del Espíritu Santo, volvió del Jordán, y fue llevado por el Espíritu al desierto por cuarenta días, y era tentado por el diablo. Y no comió nada en aquellos días, pasados los cuales, tuvo hambre.   (Lucas 4:1-2)

Podría ser difícil imaginar este escenario, pero necesitamos entender que el enemigo que intenta destruirnos es el mismo enemigo que intentó destruir a Jesús en el desierto. Pero observemos que dice que Jesús "fue llevado por el Espíritu al desierto". Pida al Espíritu Santo que lo guíe mientras se involucra en la guerra espiritual.

Más adelante en el ministerio de Cristo, un hombre pidió a sus discípulos que sanaran a su hijo, que sufría espasmos producidos por un demonio. Era la primera vez que ellos habían enfrentado la guerra espiritual, y fracasaron.

Después de que Jesús curó al muchacho, los discípulos le preguntaron: *¿Por qué no pudimos echarlo fuera?* Jesús explicó: *Pero este género no sale sino con oración y ayuno* (Mateo 17:14-21).

Si estudia las Escrituras acerca de las obras del diablo, verá que él no suele copiar sus ataques. Al igual que lo intentó con Jesús en el desierto, intenta crear situaciones únicas para que fracasemos.

Como líderes espirituales, necesitamos prepararnos nosotros mismos y a nuestra gente para la guerra espiritual. Desestimar la oposición que enfrentamos es situarnos a nosotros y a las personas a las que ministramos en un grave peligro. Nunca debemos dar nada por sentado en el ámbito espiritual.

NUESTROS RECURSOS

Creo que lo primero es conocer los recursos necesarios para lidiar con la guerra espiritual que tenemos delante.

La clave es lo que Jesús dijo a sus discípulos: *Pero este género no sale sino con oración y ayuno*. Debemos estar comprometidos con la oración y el ayuno desde ahora. La importancia aquí es que hemos de estar preparados para la guerra espiritual, orando para prepararnos *antes* de que el enemigo ataque.

Una historia favorita del Antiguo Testamento es la de David y Goliat. Si usted ha asistido a la escuela dominical, probablemente escuchó esta historia cientos de veces.

Podría recordar que el rey Saúl intentó preparar a David para que enfrentara al enemigo, Goliat, equipándolo con una armadura y un casco de bronce. Yo digo que, si el rey Saúl creía que su equipamiento podía derrotar al enemigo, ¿por qué no enfrentó él mismo a Goliat?

Contrario al rey Saúl, David tenía el entendimiento espiritual para entender que solamente Dios puede equiparnos para batallar contra el enemigo. David se quitó la armadura y el casco, y en cambio tomó cinco piedras y una honda para su enfrentamiento con Goliat. Sin duda, parecía que era una confrontación desigual. Como dicen las Escrituras: *Entonces dijo David al filisteo: Tú vienes a mí con espada y lanza y jabalina; mas yo vengo a ti en el nombre de Jehová de los ejércitos, el Dios de los escuadrones de Israel, a quien tú has provocado* (1 Samuel 17:45).

Es tentador intentar equiparnos nosotros mismos para hacer frente al enemigo, pero eso no conduce a la victoria. En nuestra guerra espiritual necesitamos llegar ante el enemigo "en el nombre de Jehová de los ejércitos".

Lo que me inquieta acerca de este escenario es que David era un adolescente, y el rey Saúl le permitió salir contra un enemigo que era diez veces más grande que cualquiera en el ejército de Israel en ese tiempo, sabiendo que, si David perdía, los filisteos ganarían la batalla. Esta situación debe ser un asunto de preocupación para nosotros como líderes. Si perdemos una batalla contra el enemigo, muchas personas se verán afectadas por eso.

Si fallamos, habrá daños colaterales; pero cuando tenemos éxito, también habrá daños colaterales. Con eso me refiero a que habrá daños ya sea que ganemos o perdamos.

Por ejemplo, cuando hacemos frente al enemigo, habrá amigos, o personas que pensábamos que eran amigos, que huirán de nosotros. Querrán hacer concesiones a la cultura porque se ha infiltrado en su estilo de vida. Me entristecen las personas que se han alejado porque nosotros, como Iglesia, hicimos frente a algún aspecto del enemigo. Me ha resultado difícil explicar eso, a excepción de decir que eran cristianos carnales y arraigados profundamente en la cultura que nos rodea.

NO ES UN ESFUERZO EN SOLITARIO

Necesito destacar con mucha claridad que la guerra espiritual no debe llevarse a cabo solamente por líderes. Sí, David enfrentó a Goliat él solo. Y sí, nosotros enfrentamos a nuestros gigantes solos. Pero tiene que ser una prioridad para todo líder espiritual reunir a otros para hacer frente al enemigo.

Necesitamos predicar la Palabra como Pablo enfatiza en el libro de Tito, y como yo he intentado bosquejar en este libro. Necesitamos predicar la Palabra para que nuestra gente esté equipada con la armadura necesaria para enfrentar al enemigo.

> **TIENE QUE SER UNA PRIORIDAD PARA TODO LÍDER ESPIRITUAL REUNIR A OTROS PARA HACER FRENTE AL ENEMIGO.**

El apóstol Pablo dice: *Vestíos de toda la armadura de Dios, para que podáis estar firmes contra las asechanzas del diablo* (Efesios 6:11). Esto debe ser un ejercicio diario para todo creyente.

Como líder cristiano, soy responsable de entrenar a mi gente en la guerra espiritual y en ponerse la armadura de Dios. Si no nos vestimos de toda la armadura de Dios seremos vulnerables a "las asechanzas del diablo". Él sabe qué botones tocar y cómo aprovecharse de nuestras debilidades.

Por eso los creyentes necesitamos reunirnos, porque estamos en una guerra espiritual y nos necesitamos unos a otros. Por una parte, la mayoría de los cristianos trabajan en lugares donde hay pocos cristianos, y algunos están en situaciones en las que ellos son el único cristiano, y estoy seguro de que eso tiene un efecto negativo sobre ellos. Por eso, cuando nos reunimos, lo hacemos para alentarnos los unos a los otros y para orar unos por otros.

Si el enemigo puede evitar que nos reunamos, tiene una plataforma para plantar semillas de desánimo en la vida del creyente. Y, créame, ese es el plan del enemigo.

Uno de los grandes problemas en el liderazgo, en particular en el área de la guerra espiritual, es la confianza excesiva en nosotros mismos. Hay muchas conferencias para ayudarnos a edificar sobre la creencia de que podemos hacer todo lo que Dios nos ha llamado a hacer, si sencillamente ponemos en ello toda nuestra mente y nuestro corazón.

Pero, si podemos hacer lo que Dios nos ha llamado a hacer en nuestras propias fuerzas, ¿por qué necesitamos a Dios?

Dios tiene un historial no de llamar a los equipados, sino más bien de equipar a los llamados. Una historia del Antiguo Testamento que es ejemplo de esto es la historia de Gedeón. Dios llamó a Gedeón a liberar a Israel de los madianitas. Dios no llamó a Gedeón porque él tuviera lo necesario para llevar a cabo esa tarea. No, había algo en Gedeón con lo que Dios podía trabajar, y Él podía equiparlo para hacerlo.

Dios no busca usarnos debido a lo que podemos hacer en nuestra fortaleza humana. Él está buscando un canal mediante el cual Él pueda obrar para llevar a cabo sus propósitos. Mientras menos pueda hacer yo en mis propias fuerzas, mayor es la oportunidad que tiene Dios de obrar por medio de mí para su honor y su gloria.

Cuando Gedeón entendió que Dios lo había llamado a realizar esa tarea, no creía que él estaba calificado para hacerlo. La tarea que tenía delante era mayor de lo que él podía manejar. Gedeón representa al cristiano promedio que Dios quiere usar para su propósito.

La respuesta de Gedeón a Dios: *Si has de salvar a Israel por mi mano* (Jueces 6:36), no era una señal de falta de confianza en Dios, sino más bien de falta de confianza en sí mismo. Creo que Gedeón estaba diciendo: *¿Por qué me escogerías a mí?* Gedeón no intentaba edificar sobre su propia confianza; deseaba entender la confianza de Dios al llamarlo a él. Necesitamos tener una seguridad total de entender lo que Dios nos está llamando a hacer.

Esto condujo a Gedeón a decir algo como: "Si me estás llamando a mí a hacer esto, entonces pondré un vellón afuera, y si en la mañana el vellón está mojado y la tierra alrededor del vellón está seca, entonces te creeré".

Lo interesante es que Dios no se vio intimidado por la falta de confianza de Gedeón. A la mañana siguiente, el vellón estaba exactamente como Gedeón había descrito.

El homólogo de Gedeón en el Nuevo Testamento fue Tomás. Muchos lo conocen como Tomás el dudoso, pero no estoy seguro de que ese adjetivo se aplique realmente a él. Cuando les dijo a los otros discípulos que necesitaba ver las heridas de Cristo para saber que estaba vivo, Tomás simplemente estaba diciendo: "A menos que vea, no puedo creer". Y eso no intimidó de ningún modo a Jesús, porque a la semana siguiente Jesús se apareció y cumplió la petición de Tomás.

Cuando Gedeón vio lo que le sucedió al vellón, seguía sin estar seguro de que él era a quien Dios podía usar, de modo que pidió a Dios que revirtiera el reto e hiciera que el vellón estuviera seco y la tierra alrededor estuviera mojada. Una vez más, a la mañana siguiente estaba exactamente como le había pedido a Dios que sucediera.

Todo eso ayudó a Gedeón a convencerse a sí mismo de que era Dios quien lo estaba llamando a salvar a Israel, y no su propio corazón. La batalla que Gedeón tenía por delante era mayor que Gedeón; por lo tanto, quería asegurarse de haber entendido lo que Dios iba a hacer.

Como líderes espirituales, a menudo nos metemos en batallas a las que Dios no nos está llamando. Participamos en batallas culturales, batallas políticas y batallas financieras, todo para mostrar a las personas que nos rodean que somos mujeres y hombres de Dios poderosos.

CONFIANZA EN CRISTO

Necesitamos más líderes espirituales que tengan la confianza de Gedeón, no en sí mismos sino en el Dios que los llama.

Entender el llamado de Dios no tiene nada que ver con nuestras habilidades; tiene todo que ver con la voluntad de Dios, y Él nos elige para completar esa voluntad con las fuerzas de Él.

¿Cuántos cristianos batallan con intentar descubrir la voluntad de Dios? La sitúan en su educación académica, su experiencia, sus habilidades y sus conexiones. Creen que Dios hará una obra por medio de ellos utilizando sus fortalezas y habilidades.

En la gran batalla espiritual que tenemos delante de nosotros, Dios no está buscando hombres y mujeres que se califiquen conforme a las opiniones religiosas. Él busca personas que estén dispuestas a entregarse totalmente a Dios y permitir que Dios los dirija en la dirección que Él quiere que sigan. Esta es la batalla de Dios, no la nuestra.

Dios y Padre del Señor Jesucristo nuestro Salvador, que pueda rendirme a tus deseos para poder ser usado por ti para hacer la obra que tú quieres hacer. Mi confianza en mí mismo es mínima, pero mi confianza en ti es ilimitada según la obra del Espíritu Santo en mi vida. Amén.

CONCLUSIÓN

Tras haber dedicado tiempo a leer este libro, espero que su corazón haya sido avivado para ser un verdadero siervo de Cristo y a liderar como Cristo en la situación donde Dios le haya ubicado.

No podemos elegir el lugar donde serviremos. Eso es prerrogativa de Dios, quien nos creó y nos redimió para el ministerio para Él. Si yo estoy donde Dios quiere que esté, tendré el poder y la autoridad del Espíritu Santo para hacer la obra para su honra, gloria y deleite.

Liderar como Cristo no es tarea fácil. Para liderar verdaderamente como Cristo necesitamos entender quién es Cristo y cuáles son sus aspiraciones con respecto a la iglesia.

Una cosa que me impulsa a arrodillarme en estos tiempos es lo que veo que está sucediendo en la iglesia de Jesucristo. La cultura lo ha tomado todo. Los líderes de nuestras iglesias se postran humildemente ante la cultura, y estamos pagando el precio por eso.

Es mi oración que este libro ayude a los líderes a tener el temple que se requiere para hacer lo que sea necesario para la iglesia de Jesucristo en la actualidad.

Liderar como Cristo nos costará todo. El apóstol Pablo lo dejó claro cuando dijo: *De aquí en adelante nadie me cause molestias; porque yo traigo en mi cuerpo las marcas del Señor Jesús* (Gálatas 6:17). ¿Cómo nos atrevemos a esperar que el mundo nos trate de modo diferente a como trató al apóstol Pablo?

Lea acerca de Pablo en el Nuevo Testamento y descubrirá el sufrimiento y la persecución que él soportó debido a su postura a favor de Cristo. No tengamos temor a eso. Si nos postramos ante la cultura, estaremos dando la espalda a Cristo.

En el Antiguo Testamento, la respuesta de Sadrac, Mesac y Abed-nego al rey Nabucodonosor debería ser un patrón para nosotros. Cuando el rey demandó que se postraran ante el gobierno o, de lo contrario, serían echados en un horno de fuego, ellos respondieron:

He aquí nuestro Dios a quien servimos puede librarnos del horno de fuego ardiendo; y de tu mano, oh rey, nos librará. Y si no, sepas, oh rey, que no serviremos a tus dioses, ni tampoco adoraremos la estatua que has levantado.

(Daniel 3:17-18)

Es necesario este tipo de compromiso en la actualidad. Enfrentaremos nuestros propios hornos de fuego cuando sirvamos a Dios y lideremos como Cristo, pero el gran gozo en la persecución es que experimentaremos la gracia de Dios como nunca antes.

Deberíamos esperar el mismo tipo de persecución que sufrieron Cristo, el apóstol Pablo, Tito, y todos los seguidores de Cristo a lo largo de las épocas. Vamos marchando hacia el cielo, y el enemigo hará todo lo que pueda para evitar que avancemos en victoria.

Ese viejo y astuto diablo no puede evitar que yo vaya al cielo, pero puede robarme la victoria a lo largo del camino. Si entiendo sus planes, mantendré mis ojos enfocados en liderar como Cristo en cualquier situación en la que me encuentre.

Si el diablo puede robarme mi victoria, las personas a las que ministro también perderán su victoria. Yo no solo me represento a mí mismo, sino también los represento a ellos. Cuando les ministre conforme a los planes de Cristo, tendré el poder y la autoridad de Cristo para hacerlo.

Tras haber leído este libro, es mi oración que usted se haya humillado delante de Dios y haya puesto cualquiera que sea su Isaac sobre el altar, y haya permitido que Cristo sea su única autoridad en su vida y ministerio. Es mi oración que sea usted un ejemplo, como lo fue Tito, de liderar como Cristo en el ministerio en el que está ahora.

Dios y Padre del Señor Jesucristo, es mi oración que cada persona que haya llegado hasta aquí en este libro haya rendido capas de su vida al Espíritu Santo en su ministerio. Oro para que esas personas estén dispuestas a dar la espalda al mundo y seguir a Cristo sean cuales sean las consecuencias. Es mi oración que las personas a las que ministran comiencen a ver a Cristo en quien les lidera. Espíritu Santo, que puedas obrar como tú decidas en las vidas de quienes se están entregando a ti hoy. Te lo pido en el precioso nombre de Jesucristo, a quien servimos. Amén y amén.

✝

A. W. Tozer (1897-1963) fue un teólogo autodidacta, pastor y escritor cuyas poderosas palabras continúan fascinando el intelecto y avivando el alma del creyente actual. Fue autor de más de cuarenta libros. *La búsqueda de Dios* y *El conocimiento del Dios santo* son considerados clásicos devocionales modernos. Obtenga información y citas de Tozer en www.twitter.com/ TozerAW.

El Reverendo James L. Snyder es un autor galardonado cuyos escritos han aparecido en más de ochenta publicaciones y quince libros. Es reconocido como una autoridad sobre la vida y ministerio de A. W. Tozer. Su primer libro, *La vida de A. W. Tozer: La búsqueda de Dios*, ganó el premio Reader's Choice Award en 1992 de *Christianity Today*. Debido a su profundo conocimiento de Tozer, se concedieron a James los derechos de la herencia de A.W. Tozer para producir nuevos libros derivados de más de cuatrocientas cintas de audio nunca publicadas. James y su esposa viven en Ocala, Florida. Obtenga más información en www.jamessnyderministries.com y www.awtozerclassics.com.